복음주의 신앙

김현회 지음

Evangelical Faith

생명을 주는 살아있는 신앙에 관하여

겨자씨서원

목 차

평생 복음을 배우고 전하고 살아간 뒤에 말년에 이르러서야 쓸 수 있는 "김현회 복음서"입니다. 이 복음을 자랑스럽게 여겼고, 이 복음을 위하여 살고 위하여 죽자는 마음으로 살아왔던 김현회 목사님의 "신앙고백서"입니다. 군더더기를 다 빼고 알맹이만 남겼습니다. 어떤 수식어도 없고 담백하게 전하고 있습니다. 두꺼운 조직신학 책 한 권을 자기 말로, 자기 호흡으로 저자는 압축했습니다. 이 책을 같이 읽어가는 것만으로 복음과 구원을 잘 교육할 수 있고, 이 책을 선물하는 것은 복음을 선물하는 것이 될 것 같습니다.

좀더 세련된 것을 원하는 이들에게는 실망을 줄 수도 있습니다. 하지만 기본에 충실하지 않은 채 기발한 것만으로 원하는 퓨전의 시대에 신선한 재료의 맛이 그대로 살아있는 음식을 우리 앞에 내놓고 있다는 느낌이 듭니다. 복음의 원래 맛을 알아야 다양한 처지의 사람들에게, 다양한 방법으로, 기발하게 변용하여 복음을 전할 수도 있을 것입니다. 성육신적 선교라는 말을 많이 하는데, 성육신 하신 그리스도 예수님과 그분의 말씀을 원음 그대로 듣지 않은 채로 작은 예수로서 산다는 것도 요원하고, 그 예수님을 시대에 어울리게 전하는 것도 어려울 것입니다. 김현회 목사님의 말씀의 검은 겉으로 보면 무딘 검처럼 보여도 한 번 뚫리면 막을 수 없는 큰 구멍을 뚫을 수 있습니다. 인내를 가지고 끝까지 읽기만 해도 기초를 잘 닦고 **뼈대**를 잘 세웠다는 느낌을 받을 것입니다.

저자는 이 책에서 주장하지 않고 설득합니다. 논리적으로 설명합니다. 성경을 통해서 그 근거를 제시하고, 경험과 사례를 통해서 이 진리가 공허한 논의가 아니라 실제로 사람을 바꾸고 삶을 변화시킨 능력임을 증명해 보이고 있습니다. 큰 소리를 내지 않지만 우리 안에 진리가 스며드는 경험을 할 것입니다. 자주 들어서 알고 있는 분들도 이 책을 읽고 나면 흩어진 퍼즐들이 맞춰지는 신기한 경험을 할 것입니다.

저도 더 시간이 지나서 사역을 마무리하는 단계에 이르면 이런 책을 쓰고 싶습니다. 제가 고백한 '복음'에 대해서 정리하고 싶습니다. 바울이 '나의 복음'이라고 했던 것처럼, 저도 '나의 복음'이라고 할 만한 하나님 나라의 소식, 나의 삶을 지탱해왔고, 내가 전해왔고, 또 내가 그것을 근거로 교회를 섬겨왔고, 온갖 활동과 집필을 해왔던 근거인 나의 복음을 정리하고 싶습니다. 건강이 여의치 못한 김현회 목사님은 더욱 이 복음을 정리하고 싶어 조바심이 났을 것 같습니다. 그 마음을 알기에 이 책의 출간을 더욱 축하합니다. 이 책을 편집하면서 날 것 그대로의 원고부터 다듬어진 원고까지 3-4번은 읽는 특권을 누렸습니다. 그래서 더욱 확신 가득한 마음으로 이 책을 추천합니다. 저자 김현회 목사님께 감사를 전하고 싶습니다.

박대영 목사(광주소명교회 책임목사, 묵상과 설교 책임편집)

저는 무슨 '주의'라는 말을 썩 좋아하지 않습니다. 특정 집단이 특정 사안에 대해 다소 편향적으로 정의하는 개념이기 때문인데, 그 범주가 정치, 경제, 사회, 문화 및 종교에 이르기까지 다양하고 넓습니다. 특정 '주의'는 시간이 흐름에 따라 추종자 층이 두터워지고 다원화되면서 원래의 개념이 건설적으로 발전하기도 하지만 퇴행의 길로 치닫기도 합니다. 순례자의 평생여정을 그린 존 번연의 고전 『천로역정』(The Pilgrim's Progress)을 풍자적으로 묘사한 C. S. 루이스의 『순례자의 귀향』(The Pilgrim's Regress)이 생각나는 지점입니다. 그래서 개인이나 집단이 스스로 특정 '주의자'라고 주장하려면, 그 의미가 무엇이며 어떤 근거로 그런 이름표를 붙였는지 설명할 수 있어야 합니다.

'개혁주의' 같이 개신교회가 자주 사용하는 용어도 예외는 아닙니다. 500년 전 개혁자들이 피흘려 회복한 개혁교회보다 되레 중세 로마교회를 더 닮은 모습이 현대교회에 엿보이는 것은 저만의 착시현상이 아닐 것입니다. 개혁자 칼뱅은 칼뱅주의자가 아니라는, 뼈있는 우스갯소리가 있습니다. 개혁시대에 그가 이해하고 주장했던 신학과 현대교회가 마구잡이로 인용하는 '칼뱅주의'의 간극

이 너무 크기 때문일 것입니다. 18세기 영국 복음주의 부흥운동에 쓰임받은 존 웨슬리는 감리교인이 아니었을 뿐더러 감리교회가 무엇인지도 몰랐다는 역사적 사실도 흥미롭습니다. 감리교 신학에 문제가 있다는 말이 아니라, 이른바 '웨슬리주의'(Wesleyan)를 내세우려면 어떤 의미에서 무슨 근거로 그런 주장을 정당화할 수 있는지 설명해야 합니다.

현대교회에서 '복음주의'만큼 오남용이 심한 용어도 없지 싶습니다. 문제가 많다고 회피하거나 버릴 수는 없는, 너무 중요한 개념입니다. 역사적 근거와 성경적 성찰을 통해 이 개념을 탁월하게 정리해줄 사람으로 저는 단연 김현회 목사를 추천합니다. 40년 전 그를 만나 친밀하게 교제하고 동역하는 특권을 누리면서 지켜본 그의 삶과 사역이 추천의 근거입니다. 원고를 훑어보면서 그 기대가 잘못되지 않았음을 반복적으로 확인할 수 있었습니다. 자신을 '복음주의자'로 정의하지만 그 실체를 설명하기 어려운 사람, '복음주의'가 무엇인지 알기 원하는 사람, 아니 무엇보다 '복음주의'라는 간판과 무관하게 성경의 중심성(Sola Scriptura)과 하나님 말씀이 가르치는 십자가 복음, 믿음과 중생의 본질을 새롭게 깨우치거나 다시 정립하기 원하는 모든 사람에게 이 탁월한 책을 추천합니다.

정민영, 전 국제위클리프(Wycliffe Global Alliance) 부대표

1 부

성경

1장 | 계시

"옛적에 선지자들로 여러 부분과 여러 모양으로 우리 조상들에게 말씀하신 하나님이 이 모든 날 마지막에 아들로 우리에게 말씀하셨으니 이 아들을 만유의 후사로 세우시고 또 저로 말미암아 모든 세계를 지으셨느니라"(히 1:1-2).

앞으로 당분간 우리 교회의 기초에 해당하는 것을 여러분과 나누려고 합니다. 우리 교회의 신앙적 입장, 교회의 비전, 핵심가치 등을 다룰 것입니다. 내가 교회의 기초를 다시 살피려는 이유는 우리 교회의 개척 정신을 되새기기 위함입니다. 신앙 생활하면서 자칫 매너리즘에 빠질 위험이 있습니다. 그럴 때 신앙은 습관화되고 형식화되고 무감각해지고, 그 결과 아무 의식도 하지 못한 채 삶이 반복되고 속절없이 시간이 흘러가곤 합니다. 그럴 때마다 우리가 해야 할 일은 늘 처음으로 돌아가는 것입니다. 초심을 회복하는 일입니다.

왜 하나님께서 우리교회를 이곳에 세워 주셨는가? 우리는 누구이며 왜 여기에 모이고 있는가? 우리가 해야 할 일은 무엇이고 우리는 어디로 가야 하는가? 이런 근본적인 질문들을 종종 되새김으로써 초심을 유지해야 합니다. 특별히 교회의 비전과 핵심가치에 대해서는 여러 번 나눈 적이 있습니다. 그렇지만 우리 교회의 근본적인 신앙적 입장에 대해서는 구체적으로 나누어 본 적이 없습니다. 이번 기회에 우리 교회의 신앙적 입장을 다시 살펴봄으로써 우리 교회는 어떤 신앙적 흐름과 전통 속에 위치하는지 알 수 있고, 또 우리가 함께 연대할 수 있는 교회는 어떤 곳인지를 생각하는 계기가 되면 좋겠습니다.

복음주의란 무엇인가?

우리 교회의 신앙적 입장을 '복음주의 신앙'이라고 부릅니다. 이 말 자체는 그리 중요하지 않습니다. 무엇이 복음주의 신앙을 구성하는지, 그 내용이 중요합니다. 복음주의 신앙이란 한 마디로 성경을 있는 그대로 믿는 신앙을 말합니다. 이 말을 듣고는 '당연히 모든 교회가 성경을 그대로 믿지 그렇지 않은 교회도 있는가'라고 반문하실 분도 있을 것입니다. 그런데 실제로는 성경을 있는 그대로 믿지 않는 교회들이 참 많습니다. 가령, '로마 가톨릭'은 성경을 믿는다고 하지만 교회의 가르침을 따라서 성경을 믿는다는 전제가 있기 때문에, 교회

의 전통이나 가르침이 언제나 성경보다 위에 있습니다. '자유
주의 신학'을 하는 교회들은 인간의 이성을 성경보다 위에 둡
니다. 그래서 인간의 이성으로 성경을 판단하고 이성에 맞고
합당한 것만 받아들이되 그렇지 않은 것은 배제합니다.

우리는 미국 건국의 아버지들이 다들 독실한 기독교 신자
들일 것이라고 생각하는데, 실상은 그렇지 않습니다. 대표적
인 인물이 토머스 제퍼슨(ThomasJefferson, 1743년 4월 13
일 ~ 1826년 7월 4일)입니다. 토머스 제퍼슨은 성경에서 자
기가 받아들일 수 없는 내용을 다 제거하였고, 또 기적이나 모
든 신비적인 것을 다 배제하였고, 자기 이성으로 이해할 수 있
고 받아들일 수 있는 것만 모아서 자기의 성경으로 삼았습니
다. 그 결과 그의 성경은 도덕적 가르침만 모아 놓은 얄팍한
문서에 불과한 것이 되었습니다. 이처럼 성경에 무엇을 더하
거나 빼고 성경 외에 다른 경전이 있다고 주장하는 집단이 있
습니다. 몰몬교가 그 한 예입니다. 그래서 성경이 우리 신앙의
기초이며 궁극적인 권위라고 믿는 신앙을 모든 교회가 당연하
게 공유하는 것은 아닙니다. 저는 존 스토트(John Stott) 목
사님의 「복음주의 기본진리」라는 책을 중심으로 생각을 펼
쳐가려고 합니다.

복음주의 신앙이란?

역사적 배경

복음주의 신앙에 대해서는 두 가지로 접근할 수 있습니다. 하나는 복음주의 신앙은 어떤 역사적인 흐름 속에 있다는 것입니다. 우리는 20세기 말 또는 21세기 초에 갑자기 복음주의 신앙을 갖게 된 것이 아니고 기독교 2천년의 역사 속에 면밀히 이어온 복음주의 교회들의 후손입니다.

16세기 종교개혁 개신교운동: 오직 성경, 오직 믿음, 오직 은혜

역사적으로 복음주의는 종교개혁에서 시작했다고 할 수 있습니다. 종교개혁에서 비롯된다고 하는 것은 복음주의가 개신교 신앙이라는 것을 의미합니다. 가톨릭에도 일부 복음주의 신앙을 가진 교인들이 있는 것은 사실이지만, 전체적으로 복음주의자는 개신교 신앙을 갖고 있습니다. 복음주의의 근원은 종교개혁입니다. 종교개혁 신앙의 특징은 오직 성경, 오직 믿음, 오직 은혜입니다. 그것이 복음주의의 바탕입니다. 종교개혁 이래로 약 오백 년이 흐르는 동안 많은 신앙집단이나 사조, 신학들이 명멸해 왔습니다. 그것을 다 설명할 수는 없고, 그 중에 가장 중요한 신앙 운동 몇 가지만 말씀드리겠습니다.

18세기 영적 대각성 운동: 부흥주의, 경건주의

우선 18세기에 영국과 미국에서 크게 일어났던 영적 대각성운동이 있습니다. 영국에서는 존 웨슬리, 찰스 웨슬리, 조지 휫필드를 중심으로 일어났고, 미국에서는 동시대 인물로 조나단 에드워드가 있었습니다. 이런 분들이 18세기 초에 성령의 기름부음을 받고 엄청난 부흥을 경험합니다. 그 때 그 분들이 체험한 것, 그 신앙의 많은 경험과 깨달음들이 우리의 유산입니다. 이렇듯 복음주의 신앙의 한 중요한 특성은 부흥주의와 경건주의입니다. 진정한 복음주의에는 성령의 기름부음이 있습니다. 체험이 있어야 합니다. 실제적인 변화가 일어나야 합니다.

19세기말 20세기초 근본주의 운동: 자유주의에 대항한 운동

복음주의의 세 번째 역사적 징검다리는 19세기말, 20세기초에 일어났던 근본주의 운동입니다. 지금 현재의 복음주의는 근본주의와 많이 다르고 심지어 거리를 두고 있습니다. 그러나 그 시대로 거슬러 올라가면 근본주의와 복음주의는 다르지 않았습니다. 19세기 유럽을 중심으로 자유주의 신학이 크게 성행했는데, 자유주의 신학은 예수님의 동정녀 탄생, 예수님의 신성, 부활 등을 믿지 않습니다. 인간의 이성에 맞추어서 기독교의 근본적인 신앙의 핵심 고백들을 모두 거세하였습니다. 근본주의는 이런 자유주의 신학에 반발해서 우리가 반드시 믿어야 하고 지켜야 할 근본적인 신앙 내용을 사수하자는 운동이었습니다. 따라서 복음주의는 곧 보수주의라고 할 수 있습니다. 우리는 성경을 가감 없이 그대로 믿자는 입장에 서 있습니다.

1974년 스위스 로잔: 세계 복음화를 위한 국제회의

마지막으로 가장 최근에 일어난 중요한 복음주의 운동을 소개하겠습니다. 1974년에 스위스 로잔이라는 곳에서 세계복음화를 위한 국제회의가 있었습니다. 그 때 복음주의 신앙을 가진 전 세계의 지도자 수천 명이 모여서 그들이 믿고 있는 신앙이 무엇이며 그들이 실행하고자 하는 주님이 주신 사명이 무엇인지를 확인했습니다. 그 때 발표한 신앙 고백을 '로잔 언약'이라고 부릅니다. 그것이 우리 교회가 따르고자 하고 기초하고 있는 신앙의 입장입니다. 이것이 복음주의의 역사적인 배경입니다.

신학적 배경

역사적인 배경보다 더 중요한 것은 신학적인 입장입니다.

과연 복음주의는 무엇을 믿는 것인가 하는 것입니다. 세 가지를 말씀드리고 싶습니다.

권위: 무엇이 신앙과 생활의 표준인가 – 성경

첫째는 권위의 문제입니다. 우리 신앙의 궁극적인 표준, 궁극적인 권위가 무엇인지를 물을 때 복음주의는 '성경'이라고 대답합니다. 성경이야말로 하나님의 말씀이며 신앙과 생활의 표준이 됩니다.

구원: 무엇이 구원의 길인가 – 십자가

둘째는 구원의 문제입니다. 우리는 어떻게 구원을 받을 수 있는가? 궁극적으로 모든 사람이 구원을 얻게 되는 만인구원인가? 다른 종교에도 구원이 있는가? 우리가 노력하고 착하게 살고 선행을 하고 수련을 쌓고 도를 깨우치면 구원을 얻을 수 있는가? 성경은 이 모든 질문에 '그렇지 않다'(No)고 대답합니다. 성경의 대답은 오직 예수님의 십자가만이 유일한 구원의 길이라는 것입니다. 그래서 우리는 성경의 권위를 인정하고 십자가의 구원을 믿습니다. 오직 십자가만이 구원의 길이라고 고백합니다. 여기에 무엇을 더할 수 없습니다. 우리는 율법의 행위로 구원얻는 자들이 아니고 오직 믿음으로, 즉 십

자가의 예수님의 구속을 믿음으로 구원을 얻는 신앙을 따릅
니다.

경험: 어떻게 구원을 체험할 수 있는가 – 중생

셋째는 체험입니다. 우리는 구원을 실제로 체험할 수 있습
니까? 십자가는 역사적이고 객관적인 사건입니다. 이천 년 전
에 예수님께서 시공간 안에서 이 구속을 성취하셨습니다. 예
수님은 하나님의 아들이시지만 십자가에 달려 돌아가셨습니
다. 그러나 하나님은 삼일 만에 아들 예수님을 살리셨습니다.
부활시키셨습니다. 이런 일이 실제 일어났습니다. 이 일은 인
류를 위한 구원사건입니다. 그런데 그것이 그 때 거기서 일어
난 사건으로 그친다면 우리와 아무 상관이 없는 일이 됩니다.
그것이 우리에게 적용되어야 합니다. 체험되어야 합니다. 그
체험을 중생이라고 부릅니다. 우리가 거듭나야 합니다. 그것
은 우리의 죽었던 심령이 살아나는 체험입니다.

성경, 십자가, 중생, 이 세 가지가 복음주의의 중심적이고
기본적인 진리입니다. 성경을 말할 때에는 성부 하나님을 말
하게 됩니다. 하나님께서 우리에게 말씀하셨습니다. 이것이
성경이고 하나님의 말씀입니다. 이것이 우리 신앙의 근본입니
다. 십자가를 말할 때는 성자 예수님을 말합니다. 예수님은 우

리의 구세주가 되십니다. 그 분의 죽으심과 부활로 우리는 구원을 받게 되었습니다. 중생을 말할 때 우리는 성령님을 말합니다. 성령께서 우리 안에 역사하시고 우리에게 임하십니다. 그래서 그리스도께서 성취하신 구속을 우리 각 사람에게 적용시켜 주십니다.

결론: 복음주의 신앙은 삼위일체적 신앙

성경적 신앙: 예수님과 사도들이 전해준 신앙(뿌리)

복음주의의 신앙은 삼위일체적 신앙입니다. 이것을 다시 정리하면 이렇게 결론을 내릴 수 있습니다. 우리가 믿는 신앙은 복음주의 신앙인데 첫째, 그것은 성경적 신앙입니다. 우리는 우리 마음대로 믿어서는 안 됩니다. 내가 어떤 깨달음을 얻어서 내 생각에 그럴듯하게 여겨진다거나 책을 읽다가 좋은 것을 발견했다고 그것을 신앙의 내용으로 삼아서는 안 됩니다. 우리는 철저히 성경을 믿고 따릅니다. 이것이 우리 신앙의 뿌리입니다. 우리의 신앙은 성경에 뿌리를 두고 있습니다.

역사적 신앙: 참된 교회가 줄곧 이어온 신앙(줄기)

둘째, 역사적 신앙입니다. 우리는 우리만 따로 동떨어져서 갑자기 생겨난 어떤 그룹이나 교회가 아닙니다. 성경은 역사적으로 면면히 참된 교회가 존재해 왔고 이어져 왔음을 증언합니다. 이 역사적 신앙은 우리 신앙의 줄기에 해당합니다. 성경에 뿌리를 두고 그 성경을 믿고 고백하는 많은 우리 신앙의 선조들에게 속해 있음을 우리는 인정합니다. 그래서 우리는 역사적 신앙을 따릅니다. 기독교회의 역사를 살펴보면 참 교회는 계속해서 존재해 왔습니다. 교단은 썩 중요하지 않습니다. 존 웨슬리의 신앙을 그대로 따르는 감리교회나 캘빈의 입장을 따르는 장로교회가 과연 얼마나 될까요? 어떤 외적인 껍질이나 형태가 중요한 것이 아닙니다. 교단보다 중요한 것은 우리가 무엇을 믿는가 하는 내용입니다. 우리는 역사 속에 참된 신앙을 계속해서 유지해 온 교회가 있음을 믿고, 어떤 교단에 속해 있든지 우리가 그 믿음의 역사와 연결되어 있음을 인정합니다.

현대적 신앙: 오늘 체험할 수 있는 살아있는 신앙(열매)

셋째, 복음주의 신앙은 현대적 신앙입니다. 성경을 말하고 역사를 말하면 과거의 일처럼 여겨집니다. 우리에게도 한 때 좋았던 시절이 있었습니다. 그런 문제는 자꾸 그 시절만 회상하고 돌아가려고 한다는 점입니다. 교회사를 읽어 보면 영적 대각성 운동 시기는 참으로 영광스러웠습니다. 이 때로 돌아가고 싶은 마음이 굴뚝같습니다. 조나단 에드워드의 부흥 이야기를 읽다 보면 죄인들이 하나님의 강력한 권능에 사로잡혀 회개를 하는데 인간적으로는 도저히 깨질 것 같지 않은 강퍅한 사람들이 하나님의 은혜로 주께 돌아오는 역사가 일어납니다. 읽는 것만으로 얼마나 감격적인지 모릅니다. 그런 영광스러운 과거에 비하면 현시대는 암울합니다. 너무나 많은 배교가 일어났습니다. 껍데기만 남았고 믿음의 알맹이는 별로 보이지 않습니다. 하지만 패배주의에 젖어 주저앉아 있을 수 없고 염세주의에 물들어 뒤로 물러날 수 없습니다. 복음주의 신앙은 죽은 신앙이 아니라 살아있는 신앙입니다. 이것이 현대적 신앙입니다. 과거에 역사하셨던 하나님은 지금도 역사하시고 지금도 살아계시기 때문입니다. 이 신앙은 우리가 오늘 체험할 수 있고 우리 삶 속에 열매를 맺는 신앙이 될 수 있습니다.

이렇듯 우리가 믿는 신앙은 성경적 신앙이요 역사적 신앙이요 현대적 신앙입니다. 그것이 우리의 뿌리요 줄기요 열매입니다. 우리가 믿고 고백하는 신앙, 우리가 따르는 이 복음주의 신앙은 창조때부터 지금까지 내려온 기독교 역사 전체를 관통하는 신앙입니다. 그리고 공간적으로 전세계에 퍼져 있는 하나님의 교회의 일원입니다. 요한계시록 7장에는 14만 4천명이 나옵니다. 천상에는 흰 옷을 입은 허다한 무리가 나옵니다. 이 두 그룹은 각각 지상의 전투하는 교회(Chuch Militant)와 천상의 승리하는 교회(Church Triumphant)를 보여 줍니다. 우리는 이 교회의 한 부분입니다. 그러니 여러분, 담대하십시오. 확신을 가지십시오. 포부를 가지시고 자부심을 가지십시오. 지금 우리는 하나님의 역사의 한복판에 있습니다.

계시의 중요성

말씀하시는 하나님

이제 복음주의의 내용을 차근차근 살펴보려고 합니다. 먼저 살펴볼 것은 가장 중요한 것으로 '계시'(Revelation)입니다. 복음주의 신앙은 철저히 하나님이 우리에게 보여 주신 것을 따라 믿는 신앙입니다. 계시(Revilation)라는 말은 "베일(veil)을 벗긴다"는 뜻입니다. 커튼이 처져 있으면 뒤에 있는 것을 볼 수 없습니다. 커튼을 젖히면 뒤에 감추어져 있는 것이 드러납니다. 계시란 하나님께서 하나님 자신이 어떤 분이시고 하나님이 어떤 계획을 가지고 계시며 어떤 뜻을 갖고 계신지를 열어 보여 주시는 것을 말합니다. 이것이 출발입니다. 왜 그렇지요? 만약에 하나님이 계시하시지 않는다면, 하나님이 우리에게 말씀하시지 않았다면, 우리가 하나님을 알 수 있는 길은 없기 때문입니다. 이 세상에 수많은 종교가 있습니다. 사람들은 이렇게 말합니다. 산의 꼭대기는 하나이지만 산에 올라가는 길은 여러 개가 있다고. 진리는 하나지만 그 진리에 도달하는 길은 여러 개가 있다고. 그러면서 흔히 장님 코끼리 더듬는 비유를 듭니다. 장님들이 코끼리를 만졌는데, 어떤 사람은 코끼리의 코를 만집니다. 그는 코끼리가 긴 호스처럼 생겼다고 말합니다. 어떤 사람은 코끼리의 몸통 옆을 만집니다. 그러고는 "아니야, 코끼리는 큰 벽처럼 생겼어."라고 말합니다. 어떤 사람은 다리를 만집니다. 그래서 "아니야 코끼리는 기둥처럼 생겼어."라고 반박합니다. 귀를 만진 사람은 "코끼리는 부채처럼 생겼어."라고 주장합니다. 다 일부분만을 만졌을 뿐입니다. 그러나 전체를 보는 사람은 코끼리는 모든 것이 합쳐져 있는 동물이라고 안다는 것입니다. 이것처럼 기독교가 만진 진리 한 부분이 있고 불교가 본 진리의 한 부분이 있으며, 이슬람교, 힌두교, 유교 등 세계의 여러 종교는 물론이고, 철학과 도덕들도 각각 그들이 만져본 진리의 한 부분들이 있다는 것입니다. 그러나 실상을 알면 그 모든 부분들이 다 합쳐져서 하나의 진리를 이룬다고 그들은 주장합니다. 여러분은 이 비유의 함정을 아시겠습니까? 무엇이 문제입니까? 누군가 눈을 뜨고 있다고 전제한다는 것입니다. 자기는 장님 중의 하나가 아니고 자기는 눈을 뜨고 전체를 보고 있다는 듯 주장하고 있습니다. 코끼리가 코를 만졌는지 귀를 만졌는지 어떻게 압니까? 코끼리의 전체 모습을 알 수 있는 인간은 누구입니까? 모든 종교를 다 섭렵한 후에 신의 모습을 복원할 수 있는 인간은 누구입니까? 만약에 우리 인간이 모두 장님이라면 코끼리가 궁극적으로 어떻게 생겼는지 누가 알 수 있습니까? 이것이 다원주의의 함정입니다. 종교다원주의는 진리가 아닙니다. 우리는 눈을 뜬 존재라고 말하기 때문입니다. 아닙니다. 우리는 모두 장님입니다. 스스로 볼 수도 찾을 수도 없습니다. 그래서 하나님께서 우리에게 보여 주신 것입니다. 이것이 계시입니다. 하나님께서 우리에게 당신이 어떤 분이신지를 보여 주셨고, 성령께서 우리 마음에 조명하셔서 우리 마음의 눈을 뜨게 해 주셨기 때문에 우리가 보게 된 것입니다. 이것이 우리 신앙의 출발이어야 합니다.

제가 신학교 다닐 때의 이야기입니다. 한 번은 상담학 시간에 교수님이 종이를 한 장씩 꺼내라고 하셨습니다. 그러고는

약 10분 정도 각자가 생각하는 하나님, 각자가 믿는 하나님을 간단히 요약해 보라고 하셨습니다. 학생들이 나름대로 열심히 적었습니다. 제가 어떻게 적었겠습니까? 하나님은 온 우주를 창조하신 창조주시며 역사를 주관하시는 주님이시라고 적었습니다. 제 대답에 스스로 매우 만족했습니다. '아, 나는 역시 심오한 신학적 통찰력을 가지고 있어!' 그런데 교수님은 우리의 대답에는 별로 관심이 없었습니다. 대신에 이런 질문을 하셨습니다. 여러분이 쓴 내용에 하나님을 아버지라고 쓴 사람이 있습니까? 그랬더니 몇 사람이 손을 들었습니다. 제 대답에는 그것이 없었습니다. '아. 이런 실수를...' 하면서 자책했습니다. 그러면서 그 상담학 교수님이 예수님이 우리에게 오셔서 가르쳐 주신 하나님의 가장 중요한 모습은 '아버지'라고 하시는 거였습니다.

왜? 이분은 상담학 교수라는 것을 생각한다면 이해할 수 있습니다. 교수님은 언제나 상처받은 심령을 위로하시기를 원하십니다. 그러니 하나님이 우리 아버지시라는 진리가 얼마나 위로가 됩니까? 네, 정말 중요한 진리입니다. 만약 제가 "여러분은 하나님을 믿지 않는 사람들에게 어떻게 소개하겠습니까?"라고 질문을 한다면 어떻게 대답하시겠습니까? 어떤 분들은 하나님의 살아계심을 열심히 강조할 것입니다. 또 진화론을 염두에 두면서 하나님이 창조주이심을 강조할 수도 있을 겁니다. 하나님은 거룩하신 분이라면서 그분의 엄위하심을 여러 말로 표현하는 분들도 있을 겁니다. 다 맞습니다. 그러나 정말 중요한 하나님의 특성이 있습니다. 그것은 하나님은 말씀하시는 분이라는 것입니다. 하나님은 계시하시는 분이라는 것입니다. 하나님은 우리와 소통하시는 분이라는 것입니다.

말씀하시는 하나님이 함의하는 것들

말씀하시는 하나님. 20세기의 존경받는 변증가였던 프란시스 쉐퍼는 종종 하나님을 인격적이시고 무한하신 하나님(personal and infinite God)으로 불렀습니다. 저는 하나님에 대한 가장 멋있는 정의라고 생각합니다. 동시에 하나님은 거기 계시며 말씀하시는 하나님(God who is there and He is not silent)이라고 묘사합니다. 하나님은 거기 계시며 침묵하지 않으십니다. 이 세상에 신을 믿는 사람들은 많습니다. 전체적으로 보면 무신론자는 소수입니다. 대다수는 나름대로 신적인 존재를 믿고 있습니다. 그렇지만 각자가 믿는 신이 무엇인지를 들어 보면 다 다릅니다.

하나님은 살아계신다 ⟺ 무신론(無神論)

우선 말씀하시는 하나님은 살아계신 분이라는 뜻입니다. 하나님은 살아계시기에 우리가 말씀하시는 하나님을 믿는 순간 모든 죽어있는 신, 우상, 또는 무신론을 배격하는 것이 됩니다. 하나님이 없다는 것도 하나의 신학입니다. 하지만 우리는 그들과 달리 살아서 말씀하시는 하나님을 믿습니다.

하나님은 인격이시다 ⟺ 범신론(汎神論)

둘째 하나님이 말씀하시는 분이라는 것은 그분이 인격적인 분이라는 뜻입니다. 하나님을 믿고 신적 존재를 믿지만 신은 인격적인 존재가 아니라고 생각하는 사람이 많습니다. 대표적으로 범신론이 그것입니다. 힌두교나 불교는 (엄밀히 말하면 불교는 무신론이지만), 넓게 보면 범신론에 가깝습니다. 그들은 신을 인정하지만, 그 신은 인격적인 존재가 아닙니다. 성경적인 관점에서 보면 무생물보다 더 높은 차원의 생물이 있습니다. 생물중에서도 식물보다 동물이 그 존재의 차원이 더 높습니다. 그래서 결국은 의식을 가진 인간이 영계를 제외한 피조세계에서 가장 높습니다. 우리가 믿는 하나님은 우리에게 현재 우리가 갖고 있는 '의식'을 주신 분입니다. 그래서 하나님은 인격적인 분이시며 가장 높은 존재가 되시는 것입니다.

하나님은 인격적인 분입니다. 그래서 생각하시고 계획하시고 의도하시고 느끼시고 사랑하시는 모든 인격적인 활동을 하시는 분입니다.

하나님은 우리와 교제하신다 ⟺ 이신론(理神論)

말씀하시는 하나님은 인격적인 분이시기에 실제로 우리와 교제하십니다. 이는 이신론(理神論)을 배격하는 지점입니다. 이신론은 하나님이 살아 계시고 존재하시지만 이 세상을 창조한 후에 더는 간섭하지 않고 멀리 떨어져 계시며, 따라서 우리와 아무 관계가 없는 신이라는 주장입니다. 이렇듯 우리가 믿는 하나님, 즉 말씀하시는 하나님은 살아계신 분이고 인격적인 분이며 실제 우리와 교제하시고 우리에게 찾아오시며 우리 삶에 개입하시고 우리와 함께하시는 하나님이십니다. 이것이 하나님이 우리에게 계시로 보여 주신 것들입니다. 계시가 없이는 하나님을 알 수 없습니다. 하나님을 알아도 자기 마음대로 그린 하나님, 자기가 고안한 하나님, 그래서 가짜 하나님을 섬길 수 밖에 없습니다. 저는 여러분이 이 계시하시는 하나님의 중요성을 확실히 깨닫기를 바랍니다. 우리의 신앙은 반드시 하나님의 말씀에서 출발하고 하나님의 계시에서 출발해야 합니다.

계시의 사실성

그렇다면 하나님은 어떻게 우리에게 말씀하시고 계시하십니까? 신학자들은 일반계시와 특별계시로 나누어서 설명합니다.

일반계시: 모든 시대 모든 사람에게 (자연, 역사, 이성, 양심)

간단히 설명하면 일반 계시란 자연을 통한 하나님의 자기 계시를 말합니다. 역사와 인간 속에 있는 이성이나 양심을 통해서도 하나님을 알 수 있게 하셨습니다. 하나님께서 하나님의 흔적을 창조세계에 남겨 놓으셨기 때문입니다. 그래서 그토록 많은 종교가 있는 것이고, 거의 대부분의 사람들이 나름대로의 신적 존재를 믿고 있는 것입니다. 그러나 그것으로는 충분하지 않습니다. 자연계시나 일반계시를 통해서 하나님이 계시다는 사실을 막연하게 의식할 수 있지만, 그것만으로는 참된 살아계신 하나님을 만날 수 없습니다.

특별계시: 특별한 방법과 특별한 사람들에게 (성경, 예수님)

그래서 특별계시가 필요합니다. 특별계시는 성경을 통한 하나님의 자기 계시를 말합니다. 하나님이 실제 말씀하셨습니다. 그리고 그 말씀이 기록되었고 보관되었습니다. 그것이 성경입니다. 그리고 예수님이 오셨습니다. 예수님은 하나님의 말씀입니다. 하나님의 아들이시고 말씀이신 예수님이 오셔서 하나님을 우리에게 직접 보여 주셨고 가르쳐 주셨습니다. 이 두 가지, 성경과 그리스도를 특별계시라고 부릅니다. 그렇지만 그리스도께서 떠나신 후 사도들이 예수님에 대한 증거를 기록으로 남겼습니다. 그것이 신약성경입다. 그래서 그리스도와 성경 이 두 가지 특별계시 방식을 '성경'이라는 한 가지 말로 표현할 수 있습니다. 하나님이 우리에게 당신 자신을 보여 주셨고 구원의 계획과 하나님의 뜻과 생각을 보여 주셨는데, 그것이 성경에 있다는 것입니다. 어떤 분들은 성경을 오래된 종교 문서나 옛날 사람들이 믿은 방식을 보여주는 책 정도로 생각하기도 합니다. 그들은 성경에는 말도 안되는 신화 같은 이야기들이 많이 담겨있다고 생각합니다. 또 다른 사람들은 성경을 탁월한 교양서적 정도로 접근합니다. 그러나 우리에게 성경은 생명입니다. 성경은 살아계신 하나님의 말씀입니다. 단지 신학적으로 이해하는 데 그치지 말고 경험해야 하는 대상입니다. 성경 말씀을 읽다가 어떤 말씀이 마음이 부딪혀 오는 경험을 한 적이 있습니까? 그 말씀이 갑자기 살아서 자신의 심령을 파고드는 것을 경험한 적이 있습니까? 그 말씀을 통해서 하늘이 열리는 경험을 한 적이 있습니까? 그래 살아계신 하나님이 정말 내게 이 말씀을 하고 있다고 느끼신 적이 있습니까? 복음주의적 신앙은 현재적 신앙이며, 결코 과거의 유물 같은 고고학적 신앙이 아니라 지금도 살아계신 하나님을 믿고 경험하고 체험할 수 있는 신앙이라고 한 것이 바로 이 뜻입니다. 성경이 지금도 살아서 우리에게 말씀하시는 하나님의 음성이기에 할 수 있는 체험입니다.

신앙생활에서 변화는 참 더디게 일어납니다. 여러 이유가 있습니다. 가장 큰 이유는 생각이 안 바뀌기 때문입니다. 우리 생각은 많은 요소들로 구성되어 있습니다. 학교에서 배운 것들, 스스로 생각한 것들, 부모님이 가르쳐 준 것들, 또한 우리를 둘러싸고 있는 세상이 끊임없이 전달하고 가르치고 있는 것들이 우리의 의식을 형성합니다. 그것이 우리에게 특정한 관점을 부여합니다. 우리는 그 관점으로 모든 것을 볼 수밖에 없습니다. 심지어는 성경을 볼 때도 백지상태에서 보는 것이 아니라 이미 형성된 그 관점, 그 전제를 가지고 판단하면서 봅니다. 이렇게 세속적인 관점의 세례를 받은 눈으로 성경을 보면 많은 부분이 받아들이기 어려워집니다. 그러나 성경을 통해서 말씀하시는 하나님을 체험적으로 만난 사람들은 변합니다. 생각이 바뀝니다. 그렇지 않으면 사사시대처럼 각자 자기 소견에 옳은 대로 믿게 될 것입니다. 말씀 사건을 통해 믿음의 눈이 열린 사람은 성경을 보면서 하나님은 오늘도 살아 계셔서 병자도 고칠 수 있고 죽은 자까지도 살리실 수 있다고 믿는 반면에, 거짓말이나 황당한 말로 받는 이들이 있습니다. 이때 성경적 신앙은 무엇입니까? 양 극단을 피해야 합니다. 하나님은 살아계십니다. 오늘날도 병을 고치시고 죽은 자도 살리실 수 있습니다. 그러나 우리가 성경을 잘 읽어 보면 그런 일이 일상적으로 일어나지는 않습니다. 바른 신앙의 사람들은 상식을 존중하면서도 결국 말씀으로 돌아가는 사람입니다. 하나님이 얼마든지 고칠 수 있다고 믿으면서도 병원에 가서 치료를 받는 것을 선택할 것입니다.

계시의 점진성 – 약속과 성취

구약은 예비단계: 약속

"옛적에 선지자들로 여러 부분과 여러 모양으로 우리 조상들에게 말씀하신 하나님이"(히 1:1).

하나님이 말씀하셨습니다. 옛적에 즉 구약시대에 이스라엘 백성에게 말씀하셨습니다. 어떻게 말씀하셨습니까? 여기서

'여러 부분'이란 말은 여러 시대라는 뜻입니다. 하나님은 아브라함 시대에도 말씀하셨고 모세의 시대에도 말씀하셨고 훗날 선지자의 시대에도 말씀하셨습니다. 그래서 여러 시대에 말씀하셨습니다. 여러 모양으로 말씀하셨습니다. 그것은 여러 방법으로 말씀하셨다는 뜻입니다. 하나님은 모세에게는 직접 나타나셔서 얼굴과 얼굴을 맞대고 말씀하셨습니다. 꿈으로도 말씀하시고 환상으로도 말씀하시고 특별한 영감을 주셔서 말씀하기도 하셨습니다. 그것들을 기록한 것이 구약성경입니다.

신약은 완성단계: 성취

그런데 "이 모든 날 마지막에" 드디어 마지막 때가 되었습니다. 종말이 되었습니다. 하나님은 "아들로 우리에게 말씀하셨습니다." 이 아들로 우리에게 주신 말씀이 신약성경입니다.

구약과 신약의 관계

이 구약과 신약의 관계를 잘 알아야 합니다. 이것만큼 신앙생활에서 중요한 것이 없습니다. 많은 사람들이 열심히 신앙 생활하지만 여전히 구약시대에 머물러 있는 이들이 많습니다. 예수님을 통해서 성취하신 신앙을 몰라서 그렇습니다.

구약적 신앙의 위험성: 율법주의, 기복주의

구약시대에 머물러 있는 대표적인 신앙이 제칠안식교입니다. 여전히 문자적으로 안식일을 지키고, 먹고 마시는 음식 규례도 따지고 있습니다. 또한 기복주의도 구약 신앙에 머문 한 형태입니다. 구약시대에는 하나님이 주시는 복이 현세적인 측면이 강했습니다. 그래서 복을 많이 받은 아브라함은 거부(巨富)였습니다. 왕 다윗도 부요했고 부강했습니다. 하나님의 복을 받은 많은 사람들이 물질적으로 풍요를 누렸습니다. 그런데 그것보다 더 중요한 것은 언약 관계에 순종한 그들과 하나님의 관계였습니다. 그런데 그 물질적인 축복만을 그대로 적용하려고 하는 경향이 있는데, 그것을 기복주의라고 부릅니다. 신명기 28장에 나오는 율법 순종에 따른 축복과 저주를 그대로 우리에게 적용하려고 하는데, 그것 역시 기복주의입니다.

우리는 신약적/복음적 신앙을 가져야 함

이제 우리는 구약시대가 아니라 신약시대에 살고 있습니다. 구약은 신약을 내다보고 있고 예상하고 있습니다. 그래서 구약을 다른 말로 바꾸면 약속입니다. 신약 시대는 그 약속이 성취된 시대입니다. 구약이 내다 보던 것을 예수님이 오셔서 약속을 완성하셨습니다. 그 궁극적인 완성을 우리가 기다리고 있습니다. 그래서 우리는 신약의 신앙을 가져야 하고 신약의 입장에서 구약까지 이해해야 합니다. 신약적 신앙이 복음적 신앙입니다. 이것을 계시의 점진성이라고 부릅니다. 하나님이 많이 말씀하셨습니다. 오랫동안 여러차례 말씀하셨습니다. 그런데 앞부분에서는 조금씩 말씀하시다가 갈수록 더 많이 말씀하시고 구체적으로 말씀하시고 드디어 이 모든 날 마지막에 환히 말씀하셨습니다. 예수님을 통해서 말씀하셨습니다. 하나님이 다시 말씀하실 날이 올 것입니다. 언제입니까? 주님이 다시 오실 때, 천국이 완성될 때, 그 때 우리는 하나님의 음성을 성경을 통해서 들을 필요가 없습니다. 직접 들을 그 날이 올 것입니다.

그 날이 올 때까지 하나님은 성경을 통해 말씀하십니다. 이 말씀은 생명으로 들어가는 문이 되고 있습니다. 하나님을 아는 창문이 되고 있습니다. 여러분 이 성경 말씀을 믿습니까? 하나님의 계시를 믿습니까? 무엇보다도 하나님이 살아계시며 말씀하시는 하나님이시라는 것을 믿습니까? 만약에 이것이 사실이라면, 정말 하나님이 살아 계시고 말씀하시는 분이라는 것이 사실이라면 이것과 바꿀 수 있는 진리는 없습니다. 옛날 그리스 시대에는 '델피'에 신전이 있었습니다. 그 곳에서 때때로 신의 음성이 들린다는 소문이 있었습니다. 델피의 신의 음성, 신탁 중에 가장 유명한 것이 "소크라테스가 가장 지혜로운 자다"라는 음성이었을 것입니다. 여러분, 어디에 신의 음성이 진짜 들리는 곳이 정말 있다면 찾아가지 않겠습니까? 저는 갈 것 같습니다. 제가 가진 재산을 다 팔아서라도 가서 신의 음성을 꼭 들을 것 같습니다. 그런데 성경은 말합니다.

"내가 오늘날 네게 명한 이 명령은 네게 어려운 것도 아니요 먼 것도 아니라 하늘에 있는 것이 아니니 네가 이르기를 누가 우리를 위하여 하늘에 올라가서 그 명령을 우리에게로 가지고 와서 우리에게 들려 행하게 할꼬 할것이 아니요 이것이 바다 밖에 있는 것이 아니니 네가 이르기를 누가 우리를 위하여 바다를 건너가서 그 명령을 우리에게로 가지고 와서 우리에게 들려 행하게 할꼬 할것도 아니라 오직 그 말씀이 네게 심히 가까와서 네 입에 있으며 네 마음에 있은즉 네가 이를 행할 수 있느니라"(신 30:11-14).

이것은 역사적으로 확증된 말씀입니다. 예수님을 통하여 밝히 드러낸 말씀입니다. 이 말씀이 우리에게 주어져 있습니다. 그래서 내 심령에 성령을 모시고 있고 내 손에 성경책이 들려져 있다면 더 바랄 것이 없습니다. 그렇지 않습니까? 우리가 하나님을 믿고, 하나님의 음성을 듣고, 하나님의 말씀을 가지고 있는데 무엇이 부족하겠습니까? 이 모든 날 마지막에 아들로 우리에게 말씀하셨으니 이것이 복음입니다. 이 아들의 음성을 듣지 못한 사람이 얼마나 많이 있습니까? 하나님의 말씀을 듣지 못한 사람이 얼마나 많이 있습니까? 그러나 우리는 이제 들었습니다. 우리에게 주어졌습니다.

이곳이 출발선입니다. 꼭 기억하십시오. 우리의 생각이 바뀌어야 합니다. 우리의 관점이 달라져야 합니다. 내가 그동안 많이 들어왔고 내 속에서 형성되어온 관점들이 성경적으로 교정되어야 합니다. 그것이 바른 신앙의 길입니다. 복음주의 신앙입니다. 지금부터 시작합시다. 말씀과 더불어 살겠다, 매일 말씀으로 주님의 음성을 듣겠다, 그래서 말씀을 통해 살아계신 하나님을 경험하고 싶다고 고백하십시오.

2장 | 성경

"그러나 너는 배우고 확신한 일에 거하라. 네가 뉘게서 배운 것을 알며 또 네가 어려서부터 성경을 알았나니 성경은 능히 너로 하여금 그리스도 예수 안에 있는 믿음으로 말미암아 구원에 이르는 지혜가 있게 하느니라. 모든 성경은 하나님의 감동으로 된 것으로 교훈과 책망과 바르게 함과 의로 교육하기에 유익하니 이는 하나님의 사람으로 온전케 하며 모든 선한 일을 행하기에 온전케 하려 함이니라"(딤후 3:14-17).

말씀의 중요성

말씀이 빠진 그릇된 신앙

지난 장에서는 복음주의 신앙에 대하여 간단히 소개했습니다. 복음주의 신앙의 핵심요소 세 가지를 말씀드렸습니다. 첫째는 성경이요, 둘째는 십자가요, 셋째는 중생입니다. 저희는 성경이 하나님의 말씀임을 믿습니다. 성경이 최종적인 권위임을 믿습니다. 그래서 우리는 성경 위에 기반을 둔 신앙인이어야 합니다. 또한 우리는 십자가만이 유일한 구원의 길이라고 믿습니다. 구원은 우리의 행위로 얻는 것이 아니고 그리스도께서 우리 죄를 대속하시기 위하여 십자가에 달려 죽으신 그 죽음을 통하여 얻는 것임을 믿습니다. 끝으로 우리는 성령께서 한 사람 한 사람을 중생시키셔야 하나님의 자녀가 될 수 있음을 믿습니다. 이 삼위일체적 신앙, 즉 하나님 아버지의 계시로서의 성경, 성자 예수님의 대속의 죽음으로서의 십자가, 성령 하나님의 중생케 하시는 사역, 이 세 가지가 복음주의 신앙의 핵심요소입니다.

그러고 나서 '말씀하시는 하나님'을 묵상했습니다. 하나님은 어떤 분이신가? 하나님을 다양하게 묘사할 수 있는데, 가장 중요한 것은 말씀하시는 하나님이시라는 것입니다. 하나님이 말씀하시는 분임을 인정한다는 것은 그분이 살아계신 분임을 인정한다는 뜻입니다. 하나님은 인격적인 분이시며, 특별히 우리에게 관심을 갖고 계시고 우리의 삶에 개입하시며 우리와 교제하시는 분이시라는 고백입니다. 따라서 신앙생활에서 가장 중요한 것은 하나님의 말씀을 듣는 일입니다. 말씀을 듣지 않으면 불신이나 회의에 빠집니다. 믿음은 들음에서 납니다. 말씀을 들을 때 믿음이 생깁니다. 하나님의 말씀을 듣지 않으면 점차 믿음이 식고 자기도 모르게 회의가 생깁니다. '과연 그럴까', '혹시 성경은 모두 지어낸 이야기가 아닐까?' '21세기에 이런 이야기를 믿는 사람들이 어디 있을까' 같은 생각이 슬며시 스며들면서 믿음이 식고 점점 세속화의 길을 걷게 됩니다. 또한 말씀을 듣지 않으면 미신적인 신앙이 생깁니다. 말씀이 가르쳐 주는 바에 따라서 믿는 것이 아니라 자기 생각대로 믿게 됩니다. 말씀을 중심으로 하지 않을 때에 미신적 신앙에 빠지거나 이단적 신앙에 빠지기 쉽습니다. 말씀이 빠지면 열심히 믿더라도 그 신앙은 불건전한 신앙이 될 수 있습니다. 그래서 무엇보다 성도는 말씀을 읽고 듣고 보아야 합니다. 하나님의 말씀을 들어야 바른 신앙생활을 할 수 있습니다.

말씀이 빠진 사람들이 영향 받기 쉬운 것들

어떻게 하나님의 말씀을 들을 수 있느냐는 질문에 대다수는 대답을 알고 있을 것입니다. 성경을 통해서 들을 수 있습니다. 그런데 과연 그럴까요? 의외로 성경을 통해 하나님의 말씀을 듣고 신앙 생활을 하는 사람들이 많지 않아 보입니다. 잘 살펴보면 말씀보다 의지하는 것들이 많습니다.

첫째, 간증 중심의 신앙 생활을 하는 분들이 있습니다. 간증에 너무 심취하여 마치 그 간증 내용이 자기 신앙인 듯 착각합니다. 금식기도를 했더니 암을 고쳤다, 십일조를 했더니 하나님이 복을 주셨다 같은 간증을 들으면, 말씀보다 간증을 우선시하는 경향이 있습니다. 목사들 마저도 설교를 할 때 말씀을 설파하기보다는 예화 중심으로 설교하기도 합니다. 어느 유명한 목사님의 설교를 들었는데 온통 오프라 윈프리에 대한 것이었습니다. 오프라 윈프리는 유명한 토크쇼 호스트입니다. 그녀가 얼마나 불행한 어린시절을 보냈는지를 소개하면서 시작합니다. 가난했고 성추행까지 당했습니다. 그런데 불굴의 의지로 자기를 개선해서 오늘날 세계에서 가장 영향력 있는 여인으로 변화된 이야기를 감동적으로 전합니다.

저는 그런 설교를 '치킨수프 설교'라고 부르고 싶습니다. 여러분, '치킨수프'라는 책을 알지요? 「내 영혼을 위한 닭고기 수프」라는 책을 보면 여러 가지 감동적인 일화들을 모아 놓았습니다. 읽을 때 감동도 되고 도전도 받습니다. 좋은 이야기들이 많이 있습니다. 그러나 그것이 하나님의 말씀은 아닙니다. 오프라 윈프리가 성경은 아닙니다. 우리는 그런 예화를 인용해서 좋은 도덕적 교훈을 이끌어 낼 수 있지만 그렇다고 하나님의 말씀이 되는 것은 아닙니다.

둘째, 간증은 물론이고 기도 잘 하는 사람을 찾기도 합니다.

신령한 사람, 은사받은 사람, 기도해 주시는 분을 찾아가서 기도를 받고 하나님의 음성을 들으려고 합니다. 그들은 그것을 '예언 기도'를 받으러 간다고 표현합니다. 셋째, 어떤 분들은 '기독교 사상'을 의지하기도 합니다. 아주 심오하고 깊이 있고 굉장히 박식한 듯 한데, 그것 역시 하나님의 말씀 자체는 아닙니다. 제가 간증이나 예화나 예언 기도, 기독교 사상을 전부 무용하게 여기서 배격하는 것은 아닙니다.

하지만 그것들이 하나님의 말씀은 아니라는 것을 기억할 필요가 있습니다. 그것들은 다만 우리가 하나님의 말씀을 향해 가게 해주는 역할을 하게 해야 합니다. 그것들이 하나님 말씀을 대체할 수 없고, 도리어 항상 하나님의 말씀인 성경에 의해서 평가받고 판단받아야 합니다. 간증이 성경적인지를 분별해야 하고, 그 예화가 바른 예화인지를 성경을 통해서 점검해야 합니다. 얼마나 위험하고 잘못된 예언기도가 많습니까? 예언한다는 두 기도자의 내용이 서로 다른 경우 어떻게 해야 합니까? 어느 것이 하나님의 뜻입니까? 기독교 사상은 존재하며, 또 불가피하며, 매우 유용한 학문적이고 논리적인 결과물들입니다. 그러나 그 사상이 복음적이며 성경적인 것인지 아닌지는 무엇으로 분별합니까? 역시 하나님의 말씀인 성경으로 분별해야 합니다.

신앙생활의 기준 – 성경

그래서 우리는 다시 성경으로 돌아가야 합니다. 성경 중심의 신앙 생활을 해야 합니다. 오늘 메시지의 목표는 여러분이 성경이 하나님의 말씀임을 확신하게 도와주는 것입니다. 늘 듣고 있기에 성경이 하나님의 말씀이라는 사실이 너무도 익숙하게 다가오겠지만, 우리 내면 깊은 곳에서는 여러 의문들이 있을 수 있습니다. 정말 성경이 유일한 하나님의 말씀일까, 고대 이스라엘의 종교문서에 불과한 것은 아닐까, 성경을 읽어보면 동화같은 이야기, 신화같은 이야기, 너무나 낯선 옛날 이야기들이 많이 있는데, 그런데도 이것이 정말 하나님의 말씀일 수 있을까? 이제 디모데후서 3장의 본문을 통해 이 성경이 하나님의 말씀인 것을 다시 한번 확인할 수 있기를 바랍니다. 우리가 정말 해야 할 일은 바울이 디모데에게 권면한 것처럼 "배우고 확신한 일에 거하는" 것입니다. 우리에게 이 확신이 있어야 합니다. 왜 그렇습니까? 왜 우리에게 확신이 필요합니까? 그 배경을 살펴 보겠습니다.

본문은 "그러나 너는"이라는 말로 시작합니다. "그러나"라는 접속사는 앞에 있는 내용을 뒤집어 엎는 것입니다. 앞에 무슨 이야기가 나옵니까?

디모데 후서 3장 1-5절에서 바울은 말세의 특징을 말합니다.

"네가 이것을 알라 말세에 고통하는 때가 이르리니 사람들은 자기를 사랑하며 돈을 사랑하며 자긍하며 교만하며 훼방하며 부모를 거역하며 감사치 아니하며 거룩하지 아니하며 무정하며 원통함을 풀지 아니하며 참소하며 절제하지 못하며 사나우며 선한 것을 좋아 아니하며 배반하여 팔며 조급하며 자고하며 쾌락을 사랑하기를 하나님 사랑하는 것보다 더하며 경건의 모양은 있으나 경건의 능력은 부인하는 자니 이같은 자들에게서 네가 돌아서라"(딤후 3:1-5).

"네가 이것을 알라 말세에 고통하는 때가 이르리니"라고 바울이 말하고 있습니다. 말세는 어떤 모습을 하고 있습니까?

자기 사랑, 돈 사랑, 쾌락 사랑

여기서 주목할 것은 '사랑'이라는 단어입니다. 말세의 특징은 그릇된 것을 사랑하는 것입니다. 자기 사랑입니다. 사람들은 자기를 사랑합니다. 돈을 사랑하고 쾌락을 사랑합니다. 쾌락 사랑하기를 하나님 사랑하는 것보다 더한다고 합니다. 어쩌면 이천 년 전에 쓴 이 글이 오늘날의 세태를 이토록 정확하게 묘사할 수 있을까요? 지금이야말로 자기 사랑의 시대 아닙니까? 이 자기 사랑이 교회 안에까지 들어와 있습니다. 우리는 끊임없이 자기 사랑, 자기 만족, 자기 성취를 말합니다. 자기에게 집착해 있는 모습이 역력합니다. 또한 이 시대 역시 돈을 사랑합니다. 맘몬주의에 빠져 돈이 최고 귀한 대접을 받습니다. 그 돈이 주는 쾌락을 사랑합니다.

경건의 능력이 없음

이런 것들이 말세의 모습인데 맨 마지막에 바울은 이런 말을 덧붙입니다. "경건의 모양은 있으나 경건의 능력은 부인하는 자니." 무슨 이야기입니까? 이런 일이 세상에서만 벌어지는 것이 아니라 교회 안에도 벌어진다는 것입니다. 여기 교회의 지도자들이라고 하는 사람들이 등장합니다. 거짓 교사들이 있습니다. 그들은 경건의 모양을 갖추었습니다. 너무 거룩해 보입니다. 너무 신령해 보입니다. 아주 점잖습니다. 그런데 실상을 들여다보면 경건의 능력이 없습니다. 경건의 능력을 아예 부인하는 자들입니다.

거짓교사들

그러면서 그 뒤에 거짓교사들의 실상을 묘사합니다. 이들은 가만히 집에 들어가서 여인들을 유혹합니다. 이 여인들은 자기 욕심에 끌려 미혹된 자들로 항상 배우지만 진리의 지식에는 끝내 이르지 못한 자들입니다. 어떤 풍경입니까? 소위 신령하고 경건하다고 하는 어떤 지도자들이 낮에 집에 있는 여인들에게 전도를 합니다. 많은 여인들이 그런 지도자를 추종하고 따라갑니다. 그렇지만 자기 욕심에 끌려서 따릅니다. 말씀을 배우려는 마음보다는 기복주의적인 욕심에 이끌려 따릅니다. 출세 지향적인 욕심, 남편의 승진, 자녀의 진학 같은 것에 더 관심이 많습니다. 이런 욕심에 끌려서 지도자들을 이리저리 쫓아다닙니다. 그런 마음으로 따르면 항상 배우지만 진리의 지식에는 이르지 못합니다. 저는 이것이 현대의 모습이라고 생각합니다. 이천 년 전에도 그랬는데 오늘날에도 다르지 않습니다. 기독교뿐 아닙니다. 다른 종교의 특징 역시 기복주의입니다. 그런 거짓 교사들이 있어서 겉으로는 경건의 모양을 갖추었지만 경건의 능력은 없는 것입니다.

참 교사 바울의 모습

그러면서 바울은 거짓교사들과 자신을 대조해서 설명합니다. 바울은 네가 나를 알지 않느냐? 나의 의도와 나의 진실과 나의 의향과 내가 어떻게 사역한 것을 말이다! 바울은 자신을 이야기할 때 자신이 당한 고난을 언급합니다. 말세가 되면 교회 안에서도 여러 혼란한 상황이 벌어지는데 참된 하나님의 일꾼, 참된 지도자는 고난을 받고 핍박을 받고 반대에 부딪칩니다. 인기 있고 사람들을 끌어가는 거짓교사들이 있고, 고난을 받지만 참된 길로 가려고 하는 참된 교사들이 있습니다. 그래서 결론은 이렇습니다. 악한 자들은 속기도 하고 속이기도 하지만 거기까지입니다. "악한 자들은 속기도 하고 속이기도 하지만 그러나 너는 배우고 확신한 일에 거하라." 말세가 되면 세상도 타락하지만 교회 안에도 너무나 많은 혼란이 있을 것입니다. 무엇이 진리인지, 무엇이 바른길인지, 어떤 것이 참된 믿음인지 이런 저런 이야기가 많아서 분별할 수 없게 됩니다.

결론: 배우고 확신한 일에 거하라(딤후 3:14-15)

디모데의 스승: 유니게, 로이스, 바울

무엇이 진짜 신앙입니까? 바울은 디모데에게 당부합니다. "그러나 너는 배우고 확신한 일에 거하라." 배우고 확신한 일에 거하지 않으면 우리는 요동합니다. 이런 가르침이 유행하고 저런 지도자가 등장하고 어떤 설교나 강의 테잎이 유통되면 계속 이쪽 저쪽 방황하며 헤매지 않겠습니까? 지금 우리에게 필요한 것은 확신입니다. 그런데 우리가 무엇을 배웠고 누구에게 배웠습니까? "네가 뉘게서 배운 것을 알며" 디모데가 누구에게 배웠습니까? 디모데는 그 어머니 유니게와 외조모 로이스에게 배웠습니다. 아주 경건한 할머니와 어머니에게서 신앙을 배웠습니다. 디모데는 무엇보다도 바울에게 배웠습니다. 즉 디모데는 어려서부터 자기 혼자 신앙생활한 것이 아니라 경건한 전통 속에서 자랐다는 것입니다. 누군가가 그에게 신앙을 전수해 주었습니다.

성경을 배우라(복음주의 신앙)

이것을 오늘 우리에게 어떻게 적용할 수 있을까요? 우리가 누구에게서 배웠습니까? 제가 복음주의 신앙은 역사적 신앙이라고 했습니다. 종교개혁에 근원을 두고 있고, 영적 대각성 운동에 영향을 받았고, 자유주의와 대항해서 싸웠던 근본주의 신앙운동에 뿌리를 두고 있다고 했습니다. 우리가 누구에게 배웠느냐는 매우 중요합니다. 복음주의 신앙에는 너무나 진실하고 바울의 뒤를 쫓아가는 참된 하나님의 말씀의 사역자들이 있었습니다. 우리는 그분들에게 배웁니다. 그들이 우리를 어떤 식으로 가르쳤습니까? 바울은 "네가 뉘게서부터 배웠으며 어려서부터 성경을 배웠다."라고 합니다. 그래서 복음주의 신앙의 선조들이 우리에게 가르쳐 준 것은 다름 아닌 성경이라는 것입니다. 성경을 배웠습니다.

성경의 기원

권위

다시 정리하면, 말세는 혼란한 시대이고 혼란한 시대에 우리가 바른 신앙에 굳게 서기 위해서는 우리가 배운 성경에 대해 확신을 갖고 서야 한다는 것입니다. 성경에 대한 확신을 가지고 그 안에 거해야 합니다. 그렇다면 디모데가 어머니 유니게와 외조모 로이스 그리고 사도 바울에게서 배운 성경적 신앙, 그 성경은 과연 어떠한 책입니까?

"네가 어려서부터 성경을 알았나니 성경은 능히 너로 하여금 그리스도 예수 안에 있는 믿음으로 말미암아 구원에 이르는 지혜가 있게 하느니라." 성경은 우리를 구원으로 인도하는 책입니다. "모든 성경은 하나님의 감동으로 된 것으로 교훈과 책망과 바르게 함과 의로 교육하기에 유익하니" 바울은 이렇게 말합니다. 나머지 본문을 중심으로 성경에 대해서 두 가지로 나누어서 생각해 보겠습니다.

첫 번째는 성경의 기원입니다. '성경은 어떤 책인가?', 성경은 어디서 왔는가?'라며 기원을 말하는데, 이 기원은 권위의 문제와 관련이 있습니다. 성경은 하나님으로부터 온 책입니다. 그렇기 때문에 성경은 하나님의 권위를 가지고 있습니다. 둘째는 성경의 목적과 기능에 관한 것입니다. 하나님으로부터 온 하나님의 말씀인 이 성경의 기능은 무엇입니까? 성경은 우리를 구원으로 인도해 주며 우리를 하나님의 사람으로 온전케 해주는 일을 합니다. 차례대로 생각해 보겠습니다.

기원

먼저 성경의 기원입니다. 성경은 어디서 유래했는가? 성경은 어디서 왔는가? 물론 우리는 인간 저자들의 활동이나 작업을 무시하지 않습니다. 성경을 기록한 인간 저자들이 있습니다. 성경은 하늘에서 뚝 떨어진 책이 아닙니다. 성경은 사람들이 쓴 책입니다. 모세가 썼고, 사무엘도 일부 기록했고, 예언자들이 기록했습니다. 성경은 사람들이 쓴 책입니다. 그런데 그 이상입니다. 하나님의 사람들이 썼습니다. 하나님의 사람들이 그냥 쓴 것이 아니고 하나님의 말씀을 받아서 쓴 것입니다. 물론 기계적으로 받아 적었다는 뜻은 아닙니다. "모든 성경은 하나님의 감동으로 된 것으로"라고 말합니다. 하나님의 감동으로 되었다는 말을 직역하면 "하나님의 숨으로 된 것으로"입니다. 하나님이 숨을 내쉼으로 이루어진 책이 성경이라는 뜻입니다. 여기서 성경의 영감이라는 교리가 나왔습니다. 그런데 사람들은 이런 오해를 종종 합니다. 성경의 영감설을 말할 때에 하나님께서 성경의 저자들을 깨닫게 하시는 방법에 대한 것이라고 생각합니다. 사실 하나님께서 어떻게 영감하셨는지는 잘 모릅니다. 지금은 그 이야기를 하는 것이 아닙니다. 성경의 저자들은, 마치 천재 작곡가 모차르트가 눈을 감으면 음악이 하늘에서 쏟아지듯이, 내면에서 영감이 마구마구 떠올랐을 수 있습니다. 하지만 정확히 어떤 방법으로 영감하셨는지는 모릅니다.

구약을 읽어보면 선지자들은 다음과 같은 공식적인 말을 합니다: "여호와의 말씀이 내게 임하여 가라사대" 그러나 여호와의 말씀이 어떻게 임했는지는 알 수 없습니다. 누가복음을 보면 누가가 성경을 기록할 때 자료를 모으고 연구하고 조사했다고 말합니다. 그처럼 어떤 사람은 성경을 쓸 때 연구를 먼저 합니다. 남의 말을 듣고 조사도 합니다. 그런가 하면 직접 받아적은 글도 있습니다. 십계명이 그렇습니다. 십계명은 하나님께서 직접 돌판에 새겨 주셨습니다. 하나님이 직접 새겨 주신 말씀도 있고, 인간이 조사해서 쓴 글도 있고, 그 밖에 다양한 방법으로 성경은 기록되었습니다.

여기서 말하고자 하는 것은 성경을 기록한 방법에 대한 것이 아닙니다. 결과물에 대한 것입니다. 그러한 모든 과정을 거쳐서 기록된 성경이 결과적으로 어떤 책일 때 그것이 하나님의 입에서 나온 말씀이 되는가 하는 것입니다. 하나님이 어떤 방식으로 영감을 주셨는지는 모르지만, 이 성경은 하나님이 숨을 내쉬어서 하나님의 입에서 나온 말씀입니다. 이것은 선언입니다. 이것을 우리는 믿음으로 받아들이는 것입니다.

모든 성경

구약성경

바울은 여기 "모든 성경은"이라고 말하고 있습니다. 바울이 디모데후서를 쓸 당시에는 아직 신약 성경은 형성되지 않았습니다. 바울 자신이 쓴 이 디모데후서가 나중에 성경에 포함되기에 신약성경은 기록되고 있는 중이었습니다. 따라서 여기 '모든 성경'은 일차적으로 구약성경을 말합니다. 구약성경은 하나님의 입에서 나온 말씀, 하나님의 감동으로 된 것입니다.

구약성경은 그리스도를 예언함

구약성경은 그리스도를 예언하고 가리킵니다. 그 그리스도께서 오셨습니다. 그리스도는 구약의 완성입니다. 구약성경을 이해할 수 있는 열쇠는 이 그리스도입니다. 그리스도를 모르면 구약성경을 이해할 수 없습니다. 그래서 예수님을 믿지 않는 유대인과 믿는 기독교인 사이에 구약성경에 대한 이해가 다른 것입니다. 유대인들에게는 그리스도라는 렌즈가 없기에 구약성경을 이해하지 못합니다.

그리스도는 신약을 약속함

그리스도가 오심으로 구약성경이 완성되었고, 그리스도에 의해서 완성된 구약 이해, 즉 그리스도께서 구약을 어떻게 성취하셨는지를 설명한 것이 신약성경입니다. 신약성경은 사도들이 그리스도에게서 배운 것을 기록한 것입니다. 요한복음에서 예수님은 "내가 가면 성령을 보낼 것이고 성령님이 오시면 너희에게 내가 이른 말들을 깨우쳐 주실 것이며 기억나게 하실 것이며 너희를 모든 진리 가운데로 인도하실 것"이라고 예언하십니다. 따라서 구약은 그리스도를 가리키고 그리스도는 성령님이 오셔서 완성될 신약을 예언하신 것입니다.

신구약 성경 66권 전체

여기 모든 성경은 일차적으로 구약성경을 가리키지만, 구약성경은 그리스도를 가리키고 그리스도는 신약성경을 말씀하셨기 때문에, 이 "모든 성경"에 신구약 66권이 모두 포함된다고 말할 수 있습니다. 이 모든 성경, 신구약 66권이 모두 하나님의 감동으로 되었습니다. 하나님의 입에서 나온 말씀입니다. 여러분은 이 사실을 믿습니까? 이렇게 반문할 수 있습니다. "그것을 어떻게 알 수 있는가?" 그렇습니다. 어떻게 이 신구약 66권이 정말 하나님의 입에서 나온 말씀인지, 하나님의 숨으로 된 말씀인지 알 수 있을까요? 이에 관해서는 여러 설명들과 논증들과 변증들이 가능합니다. 성경이 하나님의 말씀임을 설득력 있게 설명할 수 있는 것들이 많지만, 여기서는 단 한가지만 말씀드리려고 합니다. 그것은 성경을 경험해 보면 알 수 있다는 것입니다. 성경이 하나님의 말씀인지 아닌지에 대해서 다양한 설명을 듣고 이해하고 납득할 수 있겠지만, 가장 좋은 방법은 성경을 직접 읽고 성경을 통해서 하나님이 진짜 말씀하시는 것을 체험해 본 후에 아는 것입니다.

여러분은 성경 말씀의 능력을 체험해 보신 적 있습니까? 성경에 대해서 지금까지 얼마나 심한 공격을 많이 가했는지 모릅니다. 계몽주의 시대 이래로 성경만큼 많은 공격을 받은 책이 없었을 것입니다. 낱낱이 파헤치고 갈가리 찢었습니다. 고

등 비평이라는 방법을 통해서 성경을 철저하게 분해시켰습니다. 어떤 분이 독일에 유학을 갔습니다. 신학교 수업시간에 들어갔는데 독일 신학 교수가 성경을 높이 처들면서 혹시 여러분 가운데 이 성경이 하나님의 말씀이라고 믿는 사람이 있느냐고 질문하더랍니다. 그래서 그 목사님이 손을 들었습니다. 그런데 주위를 보니 자기만 손을 들고 있었다고 합니다. 이에 그 교수님은 학생이 한국에서 온 것 같은데 한국은 샤머니즘이 강한 나라여서 아직도 성경을 하나님의 말씀으로 믿는가 보다라고 말하더랍니다. 그리고 이제 나하고 공부해 보면 이 성경은 전혀 하나님의 말씀이 아니고 오류투성이인 인간의 작품임을 알게 될 것이라고 했습니다. 이것이 '자유주의 신학'입니다.

그럼에도 불구하고 여전히 수많은 사람들이 성경을 믿습니다. 수없이 많은 사람들이 성경을 통하여 하나님을 체험하고 있습니다. 성경이 하나님의 말씀인 것을 어떻게 압니까? 성경은 그 모든 공격을 견뎌냈습니다. 그 모든 공격을 견뎌내고 나니 신학계가 변했습니다. 이제는 자유주의 신학처럼 성경을 함부로 무시하지는 않습니다. 다시 성경의 권위를 인정하는 편으로 돌아오고 있습니다. 이 성경에 능력이 있다는 것을 다시 인정하고 있습니다.

친구의 간증

제가 중학교 동창을 아주 오랜만에 만났습니다. 중학교 졸업하고 처음 만났을 것입니다. 저희 반 반장이었는데 아주 잘 생기고 당시에는 키도 컸습니다. 그는 잘 생기고 리더십이 뛰어난 친구였습니다. 엘 에이(LA)에서 회계사를 하고 있었습니다. 너무나 반가웠습니다. 놀랍게도 지금은 정말 믿음이 좋은 친구가 되어 있었습니다. 이 친구의 간증을 들었습니다. 대학교 때 미국에 유학을 왔답니다. 기숙사에 있는데 그날따라 잠이 오지 않았답니다. 자기는 그리스도인도 아니었는데 책꽂이에 성경책을 꽂아두었답니다. 그날은 문득 성경에는 무슨 내용이 있는지 궁금해 지더랍니다. 도대체 성경이 어떤 책이길래 그렇게 많은 사람들이 성경을 믿는가 궁금해졌습니다. 그래서 그날 밤에는 정말 아무 생각없이 성경을 꺼내서 읽기 시작했습니다. 마태복음부터 시작해서 신약성경을 읽었습니다. 그런데 그렇게 재미있더라는 것입니다. 성경에 빨려 들어갔습니다. 그래서 그 날 밤에는 로마서까지 읽었습니다. 로마서쯤 읽었으면 신약 성경의 절반을 넘어간 분량입니다. 하루 밤을 꼬박 새서 읽으면 신약을 일독할 수 있습니다. 그런데 친구는 로마서까지만 읽었는데 예수님을 믿게 되었습니다. 그날 그 간증을 나한테 해주었습니다. 누구에게 전도를 받은 것이 아니고, 성경에 대해 설명을 들은 것도 아니고, 설교를 들은 것도 아닙니다. 그냥 혼자 성경을 읽다가 로마서쯤 읽었을 때 하나님이 살아계신 것을 알겠고 내가 죄인인 것을 알겠더라고 했습니다.

이것이 성경의 능력입니다. 성경의 능력을 맛보지 못하고 신앙생활하는 사람은 껍데기 뿐인 신앙입니다. 하나님을 모르고서 하나님을 믿는 것이기 때문입니다. 루터가 그런 말을 했습니다. 성경을 모르는 사람은 그리스도를 모르는 것이라고 말입니다. 성경의 능력을 체험해야 됩니다. 간증 중심의 신앙 생활을 하지 마십시오. 예화 중심의 신앙 생활을 하지 마십시오. 예언기도를 받으러 다닐 필요 없습니다. 기독교 사상에 심취할 필요가 없습니다. 하나님의 말씀이면 됩니다. 이 말씀은 살았고 운동력이 있습니다. 그래서 우리 심령을 변화시킵니다.

나의 간증
나도 하나님의 말씀의 능력을 체험한 적이 있습니다. 사실 그런 간증은 할 게 많습니다. 중학교 3학년 때 일입니다. 당시 나는 신장염 때문에 휴학하고 있을 때였습니다. 아는 분의 권유로 죠이선교회가 주관하는 하기수양회에 참석하고 있었습니다. 5박 6일동안 다른 것은 하지 않고 오전 내내 성경 강해만 있고 저녁에는 설교 밖에 없었습니다. 그런데 나에게는 너무 어려웠습니다. 대학생 이상의 성인을 위한 수련회였기 때문입니다. 처음에는 전혀 재미가 없었습니다. 그렇지만 붙들려 있는 몸이었으니 어쩔 수 없이 말씀을 들을 수 밖에 없었습니다. 오전 성경 강해는 레위기와 히브리서였습니다. 구약에서 제일 재미없는 책이 레위기 아닙니까? 신약에서 아주 어려운 책이 히브리서입니다. 중학생인 내가 어떻게 레위기를 이해할 수 있고 어떻게 히브리서를 알 수 있겠습니까? 그런데도 강해설교를 듣는 중에 점점 성경의 깊이에 빨려 들어 갔습니다. 수련회를 마치고 오면서 하나님의 거룩함이 무엇인지를 알 수 있었습니다. 말씀으로 정결케 되는 체험을 할 수 있었습니다.

성경의 목적과 기능 (딤후 3:16-17)

성경이 하나님의 말씀인 것을 어떻게 압니까? 그 능력을 체험하는 것이 가장 좋은 방법이라고 했습니다. 그러니 말씀을 읽으십시오. 말씀을 묵상하십시오. 믿음으로 말씀을 붙잡으십시오. 하나님이 살아계신 것이 대낮의 태양처럼 확신있게 다가올 것입니다. 방언을 하면 구원의 확신이 생기는 것이 아닙니다. 입신을 하면 하나님이 살아 계신 것을 아는 것이 아닙니다. 기도해서 암을 극복한 사람이 나중에 회의에 빠지는 경우가 얼마든지 있습니다. 하나님 살아계신 것을 어떻게 압니까? 말씀을 통해서 알 수 있습니다. 성경은 단순히 인간의 말이 아닙니다. 하나님의 말씀입니다. "죽은 자들이 하나님의 아들의 음성을 들을 때가 오나니 곧 이때라 듣는 자는 살아나리라"(요 5:25). 하나님의 말씀을 읽을 때 하나님의 말씀인 성경은 우리 안에 어떤 일을 하십니까? 성경의 기능과 목적은 무엇입니까?

구원에 이르는 지혜를 갖게 한다

이 성경은 "능히 너로 하여금 그리스도 예수 안에 있는 믿음으로 말미암아 구원에 이르는 지혜가 있게 한다"고 바울은 말합니다. 성경은 한 마디로 '구원의 책'입니다. 요즘 성경을 말할 때 경영학 교과서로 사용하는 사람들이 있습니다. 리더십 교과서 역할도 합니다. 심리학 책으로도 인기가 있습니다. 성경을 이런 식으로 사용하는 책들이 나오고 있는데, 그것은 크게 잘못된 것입니다. 성경은 그런 용도의 책이 아닙니다. 성경은 그리스도를 보여주는 책입니다. 이를 통해 우리가 그리스도를 믿게 하고 우리가 구원에 이르게 만들어 주는 책입니다. 성경의 가장 주요한 목적은 우리로 하여금 구원에 이르게 하는 데 있습니다.

어떻게 구원의 지혜를 주는가?

성경은 어떻게 우리에게 구원에 이르게 하는 지혜를 가르쳐 줍니까? 어떻게 그리스도를 우리에게 가르쳐 주는지를 바울이 여기서 말하고 있습니다. 순서를 바꿔서 17절을 먼저 설명하겠습니다. "이는 하나님의 사람으로 온전케 하며 모든 선한 일을 행함에 온전케 하려 함이라." 성경은 우리에게 그리스도가 어떤 분이신지를 가르쳐 줌으로써 그리스도를 믿게 합니다. 그리스도를 믿는다는 말은 우리 자신이 변화된다는 의미입니다. 그리스도를 믿는다는 것은 하나님의 사람이 된다는 뜻입니다. 하나님의 사람으로 온전케 하는 책이 성경입니다. 그래서 성경을 읽을 때 우리가 변화되는 것입니다. 우리가 깨닫고 변화되어 하나님의 사람이 되고, 하나님의 사람으로서 온전케 되고, 그럼으로써 우리는 선한 일을 행할 준비가 됩니다. 이렇듯 구원과 성화는 분리될 수 없습니다. 구원받는다는 말과 성화된다는 말은 한 동전의 양면입니다. 둘을 분리할 수가 없습니다. 우리가 어떻게 구원에 이르게 됩니까? 그리스도를 믿음으로써 하나님의 사람이 되고, 하나님의 사람이 되어 우리가 온전해질 때, 우리는 모든 것을 구비하여 부족함이 없게 됩니다. 그것이 구원에 이르는 모습입니다.

교리: 교훈과 책망

그러면 성경은 구체적으로 어떻게 우리를 온전케 만듭니까? 바울은 4가지를 말합니다. 교훈과 책망, 바르게 함과 의로 교육함. 많은 학자들이 이 넷을 둘로 나누어 설명합니다. 처음 앞부분 교훈과 책망입니다. 이 교훈과 책망은 주로 교리적인 측면이라고 설명합니다. 성경은 우리가 무엇을 믿을 것인지에 대해서 알려줍니다. 교훈은 바른 가르침을 의미합니다. 성경은 우리가 무엇을 믿어야 할지에 대해서 바른 가르침을 줍니다. 책망은 무엇입니까? 그릇 되이 믿는 것, 잘못 믿는 것을 깨우쳐 주는 것이 책망입니다. 바울이 "너는 배우고 확신한 일에 거하라"는 말씀을 하기 전에 거짓 교사들에 대한 이야기를 했습니다. 이 거짓교사들이 자꾸 이상한 것을 가르쳐서 사람들을 혼란케 했습니다. 그것을 교정해 주는 것, 그것을 깨우쳐 주는 것이 책망입니다. 그래서 우리가 성경을 열심히 읽고 묵상하고 성경으로부터 배우면 바른 교훈을 알게 됩니다.

"이것이 진리구나." "이것이 내가 믿어야 할 바른 내용이구나." 하면서 그릇된 내용이 무엇인지 알게 됩니다. 그래서 성경은 우리를 진리 안에서, 믿음 안에서 세워 주는 일은 합니다.

윤리: 바르게 함과 의로 교육함

나머지 두 가지인 바르게함과 의로 교육함은 우리 품행과 관련이 있습니다. 어떤 도덕적인 삶, 즉 윤리에 관한 것입니다. 우리가 바른 진리를 깨달을 뿐 아니라 그 깨달음을 통해 우리의 삶이 바뀝니다. 성경은 바르게 행하는 길, 의 안에서 살아가는 길을 가르쳐 줍니다. 우리가 왜 성경 공부를 합니까? 성경 공부를 하면서 배운 것들이 우리 삶에서 이루어지게 해야 합니다.

내가 묵상(QT)을 본격적으로 시작할 때의 일입니다. 1990년도 후반입니다. 그 전까지는 간헐적으로만 했을 뿐 규칙적으로 하지는 못했습니다. 그런데 1990년도 후반 신학교에 입학할 무렵부터 매우 성실하게 묵상에 임했습니다. 날마다 말씀을 묵상하고 있는데, 나에게 말씀 한 구절이 자꾸 반복해서 떠올랐습니다. 하박국의 말씀입니다. "여호와의 눈은 정결하셔서 악을 차마 보지 못하시거늘" 그것이 묵상체험입니다. 하나님의 말씀을 매일 묵상하면서 하나님의 거룩하심을 마음으로부터 깨달아 알게 된 것입니다. 하나님이 무엇을 기뻐하시는지, 무엇을 미워하시는지, 무엇이 선이고 악인지에 대한 감각이 예민해지기 시작했습니다. 우리 하나님의 눈은 정결하셔서 악을 차마 보지 못하십니다. 내가 하나님의 말씀을 매일매일 묵상하자 제 마음에 그런 자각이 생기기 시작한 것입니다. 눈이 열리기 시작했습니다. '아 이것은 그릇된 것이구나', '이것은 교만이구나', '이것은 거짓이구나', '이것은 악한 것이구나.' 그래서 진실은 무엇인지, 겸손이 무엇인지, 순수함이 무엇인지 알게 되는 체험을 하기 시작했습니다.

이것이 성경의 기능이며 역할입니다. 성경을 아는 사람은 성경이 내게 주어졌다는 이 사실 한 가지만으로 충분합니다. 우리 마음에 성령님을 모시고 내 손에 성경을 들고 있다면 더는 필요한 것이 없습니다. 오늘 이 성경이 하나님의 말씀인 것을 확신하기 바랍니다. 이 성경이 진실로 생명의 책임을 확신하기 바랍니다. 여러분 안에 말씀에 대한 갈망이 생기길 원합니다. '말씀에 대한 목마름이나 사모함이 일어나서 이제 내가 말씀을 읽어야겠다, 전심으로 이 말씀을 좇아야겠다' 라고 하는 자각과 소원이 생기기를 원합니다.

한 해를 돌아보고 내년 계획을 세울 때 삶을 새롭게 하고 재정립하고 싶은 마음이 들 것입니다. 그런데 무엇을 중심으로 그렇게 할까요? 말씀을 중심으로 합시다. 하나님은 살아 계십니다. 하나님은 우리에게 말씀하십니다. 그 말씀이 성경입니다. 이 성경은 그리스도를 믿는 믿음으로 말미암아 우리로 구원에 이르는 지혜가 있도록 가르쳐 줍니다. 이 성경은 생명을 주는 책입니다. 우리가 성경을 사랑하고 성경을 통해서 하나님의 말씀을 듣는 신앙 생활을 시작할 수 있기를 바랍니다.

3장 | 성령의 조명

"우리가 세상의 영을 받지 아니하고 오직 하나님께로 온 영을 받았으니 이는 우리로 하여금 하나님께서 우리에게 은혜로 주신 것들을 알게 하려 하심이라. 우리가 이것을 말하거니와 사람의 지혜의 가르친 말로 아니하고 오직 성령의 가르치신 것으로 하니 신령한 일은 신령한 것으로 분별하느니라. 육에 속한 사람은 하나님의 성령의 일을 받지 아니하나니 저희에게는 미련하게 보임이요 또 깨닫지도 못하나니 이런 일은 영적으로라야 분변함이니라"(고전 2:12-14).

새해를 맞이하면 서로 "새해 복 많이 받으세요"라는 인사를 나누고 덕담을 나눕니다. 여러분도 벌써 여러 차례 새해 복 많이 받으라는 인사를 했고 또 그 말을 들었을 것입니다. 그런데 이것이 우리가 의례히 하는 이야기가 아니고 우리 마음을 담아서 표현하는 것이라면, 우리가 비는 복은 무엇일까요?

복

세상이 말하는 복

여러분이 "새해 복 많이 받으세요"라고 인사할 때 어떤 복을 받도록 빌었습니까? 여러분은 어떤 복을 받기를 원합니까? 대부분의 사람들은 건강, 장수, 부귀, 영화 같은 복을 바랄 것입니다. 건강해서 오래 살고 돈도 많이 벌고 세상에서 인정도 받기를 바랍니다. 요즘 경제가 어려우니 재물의 복을 받으라는 뜻으로 빌어주었을 것입니다.

과연 우리 그리스도인이 비는 복도 그런 것일까요? 만약에 그것이 전부라면, 참 시시하다는 생각이 듭니다. 건강, 장수, 부귀, 영화가 좋은 것임에는 틀림없지만, 겨우 그 정도를 성경이 말하는 복이라고 생각하고 기원하고 그것에 안달한다면, 너무 허무하고 시시할 것입니다. 사실 그런 복을 얻기 위한 것이 전부라면, 굳이 예수 안 믿어도 됩니다. 여러분 주변을 살펴보십시오. 예수 믿는 사람들이 더 건강하고, 더 오래 살고, 더 잘 살고, 더 영광을 누리는 것은 아닐 것입니다. 그것은 예수 믿는 것과 상관이 없습니다. 재벌들 중에 그리스도인들이 몇이나 됩니까? 잘 사는 사람들 중에 그리스도인 비율은 얼마나 될까요? 실제로 우리가 예수 믿는 것과 세상적인 복을 받는 것은 아무 관계가 없습니다.

성경이 말하는 복

오늘 본문 바로 앞에 나오는 고린도전서 2장 9절을 보면 이런 말씀이 있습니다. "기록된 바 하나님이 자기를 사랑하는 자들을 위하여 예비하신 모든 것은 눈으로 보지 못하고 귀로도 듣지 못하고 사람의 마음으로도 생각지 못하였다 함과 같으니라." 우리가 하나님으로부터 받을 복은 우리가 상상할 수도 없었다는 뜻입니다. 그냥 주변에서 부러워할 만한 정도로 사는 사람들이 누리는 복을 주님으로부터 받은 것이 아닙니다.

눈으로도 보지 못하고 귀로도 듣지 못하고 마음으로도 생각할 수 없는 어마어마하게 놀라운 복을 주님은 우리를 위하여 예비하셨습니다. 그것이 그리스도 안에 있습니다. 에베소서 1장 3절에 이런 말씀이 있습니다. "찬송하리로다 하나님 곧 우리 주 예수 그리스도의 아버지께서 그리스도 안에서 하늘에 속한 모든 신령한 복으로 우리에게 복 주시되" 우리가 그리스도 안에 있으면 하늘에 속한 모든 신령한 복을 하나님으로부터 받은 것입니다.

신령한 복

우리가 "새해 복많이 받으세요."라는 인사를 성도들 간에 주고 받을 때 무슨 뜻으로 해야 할까요? 우리는 이미 하나님께서 그리스도 안에서 베푸신 상상할 수도 없는 영광스럽고 신령한 복을 받았는데, 그것을 더욱 깨닫게 해 달라고 빌어야 합니다. 하나님께서 하늘에 속한 모든 신령한 복으로 이미 우리에게 복 주셨습니다. 그 신령한 복은 무엇일까요? 에베소서 1장 4절 이하를 보면, 그것은 한 마디로 구원의 복입니다. 하나님께서 우리를 창세 전에 택하셨고, 우리를 예정하셔서 당신의 자녀로 삼으셨고, 그리스도 안에서 그의 피로 말미암아 구속 곧 죄 사함을 받게 하셨고, 성령으로 인 치셔서 우리에게 성령을 보증으로 주셨으며, 성삼위 하나님의 합력 사역을 통해서 우리의 구원을 이루어 가고 계십니다. 그것이 우리가 받은 하늘에 속한 신령한 복입니다.

영광

그런데 그 구원의 결국, 그 구원의 종점은 무엇입니까? 영광입니다. 영광이라는 말이 세 번 나옵니다. 6절에 "하나님의 은혜의 영광을 찬미하게 하려 하심이라." 12절에 "하나님의 영광에 찬송이 되게 하려 하심이라." 그 다음에 14절에도 같은 말이 나옵니다. 하나님이 우리에게 이미 복을 주셨습니다. 그리스도 안에서. 이 복은 신령한 복인데 이 복은 다른 말로 하면 구원이고, 이 구원을 또 다른 말로 하면 영광입니다. 로마서 3장 23절에 "모든 사람이 죄를 범하였으매 하나님의 영광에 이르지 못하더니"라는 말이 나옵니다. 우리가 죄를 짓고 하나님의 영광에 이르지 못하는 상태에 있었습니다. 그런데 우리의 구원이 완성되는 날 우리는 하나님의 영광에로 회복될 것입니다. 하나님의 영광에 도달할 것입니다. 이 영광이 바로 하나님께서 주시는 복이며, 사람들이 그 영광을 눈으로 보지도 못했고 귀로 듣지도 못했고 마음으로 상상하지도 못했습니다.

여러분은 하나님의 영광을 아십니까? 우리가 하나님의 영광을 볼 것입니다. 우리가 하나님의 영광을 반영하는 영광스러운 존재가 될 것입니다. 여러분은 그 영광을 아십니까? 제가 영광에 대해서 세 단어로 소개한 적이 있습니다. 영어의 R로 시작합니다. 그런데 최근에 C. S. Lewis의 「영광의 무게」라는 설교를 다시 읽다가 네번째 R을 추가했습니다. 그래서 네 가지 R로 시작하는 단어로 영광을 정리해 드리겠습니다.

계시(Revelation): 하나님의 영광을 보여줌

첫 번째 R은 Revelation입니다. 즉 보여주시는 것. 나타나는 것입니다. 무엇입니까? 하나님의 어떠하심이 드러나는 것이 영광입니다. 영광이란 하나님의 본질이 계시된 상태라고 신약학자 김세윤은 말합니다. 하나님이 어떠한 분이신지가 드러나는 것이 영광입니다. 자연을 보면 자연을 통해서 하나님의 권능과 전능하심과 하나님의 아름다우심과 높고 위대하심을 보게 됩니다. 여러분, 우주를 생각해 보십시오. 얼마나 광활합니까? 우리가 상상할 수 없는 어마어마한 크기의 우주입니다. 그 우주를 생각할 때 그 우주를 지으신 하나님이 그처럼 광대하시다는 것을 우리는 알 수 있습니다. 흰 눈이 덮히고 그 위에 아름다운 햇살이 비치는 히말라야 산봉우리를 생각해 보십시오. 파란 하늘에 흰눈 덮힌 아름다운 산들과 거기에 반사되는 아름다운 햇빛, 하나님은 그토록 아름다우신 분입니다.

자연을 통해서만 하나님이 자신의 영광을 보여주시는 것은 아닙니다. 무엇보다도 하나님의 형상인 인간을 통해서 하나님은 자신의 영광을 보여 주십니다. 그러나 하나님의 가장 완전한 형상은 예수님입니다. 여러분이 예수님을 보신다면 무엇을 느낄까요? 예수님의 얼굴에 드러난 하나님의 영광을 아는 빛,

그 분의 거룩하심, 그 분의 진실하심, 그 분의 선하심, 그 분의 은혜로우심 등 모든 것을 보게 될 것입니다. 하나님의 영광은 하나님의 어떠하심이 드러나는 것입니다.

찬양(Recognition): 하나님의 영광을 찬양함

두 번째 R은 Recognition입니다. 영광은 우리가 보고 인정하는 대상입니다. 다른 말로 하면 예배드린다, 경배드린다, 찬양한다라고 할 수 있습니다. 우리는 하나님께서 보여주신 영광을 인정하고 즐거워하는 것입니다. 그래서 하나님의 영광이 가져다 주는 느낌은 벅찬 감격, 감동, 희열, 환희 같은 것들이어야 합니다. 아름다운 자연을 보면 가슴이 뜁니다. 너무 아름다운 음악을 들으면 마음 깊은 속에서부터 감동이 샘솟지 않습니까? 그 아름다운 자연을 만들고 음악을 지으신 분이 하나님이십니다. 거기서 우리는 하나님의 아름다움을 보게 됩니다. 그 하나님의 아름다움을 보면서 기쁨과 감격과 감동을 느낄 것입니다. 그래서 하나님을 즐거워 하는 것, 하나님으로 인해 기뻐하는 것, 그것이 하나님께서 우리에게 받으시는 영광입니다. 그것을 우리가 하나님께 영광 돌린다라고 표현합니다. 이 사실을 이해하지 못할 때 예배는 지겨운 일이 됩니다. 천국에서는 24시간 내내 예배하고 찬양한다는 말을 들었을 때

천국에 가고 싶지 않은 마음이 들었습니다. 얼마나 지겨울까라고 생각했기 때문입니다. 그런데 그렇지 않습니다. 천국에 가면 너무나 아름다우신 하나님께 감동하여 하나님의 높고 위대하심에 압도되고 매순간 터져나오는 벅찬 감격과 희열 속에 살아갈 것입니다. 그곳이 천국입니다. 그것이 천국의 기쁨입니다. 천국은 영광이고 천국은 감격입니다. 그것이 영광의 두 번째 의미입니다. 하나님의 영광은 우리가 즐거워하고 인정하는 대상입니다.

반영(Reflection): 하나님의 형상을 본받음

세 번째는 R은 Reflection입니다. 우리가 하나님의 영광을 볼 때, 우리는 그 분을 닮아가게 됩니다. 우리의 형상이 점점 주님의 형상을 본받게 되고, 이를 통해 주님의 어떠하심이 우리를 통해서 반사됩니다. 우리가 하나님을 반영하는 존재가 되는 것입니다. 우리 자신이 영광스러운 존재가 됩니다. 요한일서 3장 2절은 "사랑하는 자들아 우리가 지금은 하나님의 자녀라 장래에 어떻게 될 것은 아직 나타나지 아니하였으나 그가 나타내심이 되면 우리가 그와 같을 줄을 아는 것은 그의 계신 그대로 볼 것을 인함이니"라고 말합니다. 우리가 지금 하나님의 자녀입니다. 그러나 세상사람들이 우리를 볼 때 우리는 자신들과 무엇이 다른 것인지 알 수 없을 것입니다. 예수 믿는다고 하는데 별로 잘사는 것 같지도 않고, 오히려 답답하고 한심하게 보일 수도 있을 것입니다. 네 그렇습니다. 하나님의 자녀이지만 구체적으로 우리의 실제 모습이 잘 드러나지 않습니다. 그러나 우리의 실제 모습이 더 환히 드러날 날이 올 것입니다. 언제입니까? 주님이 나타나실 때입니다. 주님이 나타나시면 우리가 주님과 같아질 것입니다. 어떻게 그렇게 됩니까? 그의 계신 그대로 볼 것이기 때문입니다. 주님의 모습을 얼굴과 얼굴을 마주하며 보게 될 것입니다. 그때 우리가 주님을 닮게 될 것입니다.

칭찬(Recogntion): 하나님이 우리를 인정해주심

네 번째 R을 하나 더 추가했습니다. Recognition입니다. 앞에 나온 바 있습니다. 그런데 앞에서는 우리가 하나님을 찬양하는 recognition이라면, 이번에는 하나님이 우리를 칭찬하고 인정하는 recognition입니다. 주님이 우리를 당신의 모습으로 빚으셨고 당신의 형상을 닮도록 만드셨습니다. 우리의 성화는 주님이 하시는 일입니다. 우리는 너무도 아름다운 하나님의 작품이 될 것입니다. 하나님의 걸작품(Masterpiece)이 될 것입니다. 그렇다면 하나님께서 우리를 아름답게 만들어 주셨다면, 모든 영광은 하나님께서 받으셔야 마땅합니다. 그래서 우리는 하나님을 찬양하는(recognizing) 것입니다. 그런데 하나님은 하나님께서 우리를 아름다운 형상으로 빚어 주신 후에는 그 아름다움을 칭찬해 주십니다. 우리가 이 세상에서 살면서 신실하게 주님의 길을 갈 때 그 믿음 때문에 고난을 겪습니다. 핍박을 받습니다. 많은 어려움을 겪습니다. 그러면서 우리는 하나님의 형상으로 빚어져 갑니다. 다듬어져 갑니다. 변화되어 갑니다. 마지막에는 우리가 영광스러운 존재로 변화되어 있을 것입니다. 그러한 우리의 변화에 대해서 주님께서 인정해 주실 것입니다. 그래서 마지막 R도 또 Recognition입니다. 잘하였도다 착하고 충성된 종이라고 하시면서 칭찬하실 날이 올 것입니다. 그것이 나중에 우리가 받을 하나님의 영광입니다.

이 영광을 조금이라도 상상할 수 있겠습니까? 그 날에 우리가 누리게 될 그 영광, 그 날에 우리가 보게 될 하나님의 영광, 그 하나님의 아름다우심에 너무나 감동할 것이고, 그 하나님의 아름다우심을 본 그대로 우리도 아름다운 존재가 될 것이고, 우리가 하나님을 찬양하고 높이고 경배할 때 하나님께서 우리를 칭찬해 주실 그날의 감격을 여러분은 아십니까? 이것은 사람이 눈으로 본 적이 없습니다. 귀로 들은 적도 없습니다. 그러니 마음으로 상상조차 할 수 없습니다. 이것이 하나님께서 우리에게 주시는 복입니다. 신령한 복이요 구원입니다. 이 일을 생각한다면 어찌 기쁘지 않을 수 있겠습니까? 이 사실을 조금이라도 깨닫는다면 세상에서 일어나는 그 어떤 불행에도 굴하지 않을 것입니다.

이천만 불 로또에 당첨된 사람이 있습니다. 너무 기뻐서 이 소식을 빨리 아내에게 알리려고 과속하여 운전하다가 사고가 나서 그는 무사했지만 고물 차는 완전히 찌그러졌습니다. 그 사람이 차가 찌그러진 것 때문에 속상했을까요? 이까짓 고물 차 몇 번 찌그러져도 상관없다고 하지 않겠습니까? 로또에 당첨됐으니까요. 우리가 보게 될 하나님의 영광, 우리가 누리게 될 하나님의 영광이 어찌 그깟 로또와 비교할 수 있겠습니까? 우리는 이 영광을 봅니다. 믿음으로 보고 마음의 눈으로 봅니다. 그러나 불신의 사람들은 이 영광을 보지 못합니다. 하나님께서는 예수 그리스도의 얼굴에 있는 하나님의 영광을 아는 빛을 우리 마음에 비추어 주셨습니다. 그래서 우리는 볼 수 있습니다. 하지만 보지 못하는 이들은 믿을 수 없습니다. 정말 중요한 것은 하나님께서 보여 주신다는 사실입니다. 깨닫게 하십니다. 이것이 믿음이며, 성령께서 우리 안에서 행하시는 일입니다. 그러므로 우리는 하나님께 복을 더 달라고 기도할 것이 아니라, 이미 주신 것이 무엇인지 깨닫게 해달라고 기도해야 할 것입니다.

성령의 역사

우리는 지금 복음주의 신앙에 대해서 계속 살펴보는 중입니다. 복음주의 신앙의 세 가지 핵심 요소는 성부 하나님의 계시와 성자 하나님의 구속과 성령 하나님의 중생시키심입니다. 지금 우리는 계속해서 하나님의 계시에 대해서 계속 살펴보고 있습니다. 우리가 믿는 믿음의 가장 근본, 기초는 하나님은 살아계신 분이며, 그분은 또한 말씀하시는 분이라는 사실입니다. 하나님의 그 말씀이 성경에 담겨 있습니다. 그런데 문제는 성경을 읽어도 모른다는 것입니다. 아까 예수 그리스도의 얼굴에 나타난 하나님의 영광을 아는 빛을 볼 수 있는 사람들이 있는 반면에 어떤 사람들은 보지 못합니다. 성경을 읽으면서 하나님의 음성을 듣는 이들이 있는가 하면 똑같은 성경을 읽어도 무슨 말도 안되는 허무맹랑한 이야기처럼 듣는 이들이 있습니다. 요즘 같은 과학 시대에 이런 동화같은 이야기, 신화같은 이야기가 어디 있나 하면서 안믿습니다. 그래서 하

나님께서 계시하셨다, 하나님께서 말씀하셨다라는 것만으로
는 충분하지 않습니다. 이 하나님의 계시를, 하나님이 말씀하
신 내용을 하나님께서 우리에게 깨닫게 해 주시는 일이 반드
시 필요합니다. 이것을 "성령의 조명"이라고 신학자들은 부릅
니다. 사실 성경에서 나온 단어들입니다. 성경을 통해 우리 마
음을 비추시는 것, 하나님께서 우리 마음에 빛을 비추셔서 우
리로 하여금 마음의 눈을 뜨고 그 영광을 보게 하시는 것, 이
것이 성령의 조명입니다. 사실 이 성령의 조명은 복음주의 신
앙의 세 핵심요소 중에 세 번째 성령의 중생케 하심과 연결된
다고 볼 수 있습니다. 하나님께서 계시하셨습니다. 하나님은
자연을 통해서도 보여 주셨고 특별히 성경을 통해서 하나님의
말씀을 들려주십니다. 이 말씀을 듣고 깨닫기 위해서 성령님
의 조명하시는 역사가 꼭 필요합니다.

오늘 고린도전서 2장 12-14절에 나오는 성령의 조명하시
는 역사에 대해서 우리가 생각을 해보겠습니다. 우리가 어떻
게 하나님을 알 수 있습니까? 대답은 하나님이 보여주셔야만
알 수 있다는 것입니다. 이것이 계시입니다. 하나님이 보여 주
시지 않으면 아무도 하나님을 알 수 없습니다. 그런데 성경은
하나님이 이미 우리에게 보여 주셨다고 말하고 있습니다. 그

렇다면 하나님이 우리에게 보여주셨으면 우리는 알게 될까요? 그렇지 않습니다. 하나님은 객관적으로 계시하셨지만 우리 각 사람 안에 주관적으로 성령께서 깨닫게 해주시는 조명이 필요한 것입니다. 하나님의 계시와 성령님의 조명이 둘 다 필요합니다. 저는 여러분이 성령님의 조명을 위해서 얼마나 기도하는지 잘 모르겠습니다. 여러분이 기도하실 때, 하나님 내 눈을 열어서 주의 법의 기이한 것을 보게 해주십시오, 라고 자주 기도하십니까? 무엇보다도 보게 해 달라고, 알게 해달라고, 깨닫게 해달라고 기도하는 것이 필요합니다. 그럴 때 우리 믿음이 강건하게 성장하기 때문입니다.

두 종류의 사람

오늘 본문은 두 종류의 사람을 말합니다. 12절에 '우리가'라고 나옵니다. 그리스도인들을 가리킵니다. 이 그리스도인들은 어떤 사람들입니까? "우리가 세상의 영을 받지 아니하고 오직 하나님께로 온 영을 받았으니" 이 그리스도인들은 하나님께로부터 온 영을 받은 자들입니다. 하나님으로부터 온 영은 성령님입니다. 따라서 이 사람들은 성령님을 모신 그리스도인이 있습니다. 14절에 다른 사람이 나옵니다. "육에 속한 사람은 하나님의 성령의 일을 받지 아니하나니" 또 다른 쪽에는 육에 속한 사람이 있습니다. "육"이라고 번역된 말을 원어에 가깝게 번역하면 '혼적인 사람'입니다. '자연인'이라는 뜻입니다. 물리적인 사람, 자연적인 사람, 하나님의 영을 소유하지 않은 있는 그대로의 자연적인 사람, 혼이 전부인 사람을 가리킵니다. 이렇게 두 종류의 사람이 있습니다. 이 사람들은 어떻게 다른가요?

먼저 육에 속한 사람부터 생각해 보겠습니다. 이 사람은 하나님의 성령의 일을 받지 않습니다. 이 자연인들은 영적으로 죽었습니다. 에베소서 2장 1절에 보면 허물과 죄로 죽었다고 말하고 있습니다. 이들에게 영이 없다는 뜻이 아닙니다. 이들도 인간이기 때문에 영을 가지고 있습니다. 그러나 하나님과 분리되어 있습니다. 따라서 하나님에 대해서 죽어 있습니다. 여기 '죽었다'는 말은 영이 없다는 말이 아니라 영이 있지만 하나님과 이 영이 분리되어 있기 때문에 하나님에 대해서 반응할 수 없다는 것입니다. 하나님에 대해서는 전혀 알지 못하는 사람입니다. 이렇게 영적으로 죽은 사람들이기에 하나님의 성령의 일을 받을 수 없습니다. 영에 속한 세계를 말할 때 이것이 그들에게는 미련하게 보입니다. 그리고 그것을 전혀 깨달을 수 없습니다.

이 자연인들, 혼적인 사람들, 성령을 모시지 못한 사람들에게도 이성이 있고 양심이 있고, 그들은 여전히 인격적인 존재이며 또한 여전히 영적인 존재입니다. 믿지 않는 자들도 영적인 활동을 합니다. 무당들이 그렇지 않습니까? 믿지 않는 사람들도 신접할 수 있고 영의 세계를 경험할 수 있습니다. 무엇이 없습니까? 하나님과 관련이 없습니다. 하나님의 성령과 전혀 상관없는 사람입니다. 그래서 하나님의 일에 무지하고 하나님에 대해서 죽어 있고 하나님에 대해서 눈이 멀어 있습니다. 이들도 얼마든지 인격적일 수는 있습니다. 도덕적일 수도 있습니다. 수련을 통해서 그리고 인격 도야를 통해서 인내심이 클 수도 있고, 굉장히 친절할 수도 있고, 지혜로울 수도 있습니다.

사실 우리 주변에 믿지 않는 사람들 가운데 인간적으로 훌륭한 분이 많이 있지 않습니까? 너무나 성실한 사람들, 너무나 부지런한 사람들이 많이 있습니다. 문제는 아무리 훌륭해도 하나님을 모른다는 데 있습니다. 하나님의 일에 대해서 닫혀 있고 눈이 멀어 있고 죽어 있는 것입니다. 하나님과의 관계가 끊어져 있습니다. 그래서 하나님의 영광을 보지 못하고 있습니다. 눈에 보이는 오감을 통해서만 느낄 수 있는 것이 전부라고 생각하기 때문에, 눈에 보이지 않는 하나님을 인정하지 않고, 하나님의 영광을 보지 못하고, 예수님을 봐도 단지 인간만 볼 뿐입니다. 그래서 위대한 인간이나 위대한 스승으로 칭찬받고 칭송받지만, 예수님의 십자가의 비밀과 부활의 권능을 인정하지 못하는 것입니다. 아무리 사람의 지혜로 가르친다고 해도 쉽게 영의 일을 깨닫는 것이 아닙니다.

육적(혼적)인 사람

모든 면에서 대화가 잘 통하는데 신앙 이야기만 나오면 꽉 닫힌 듯한 느낌을 주는 사람이 있습니다. 그래도 우리는 그 사람을 굉장히 높여 주고 인정해 주고 칭찬해 주고 그 사람의 마음을 이해하려고 노력합니다. 그가 기독교 신앙도 조금이라도 받아들일 수 있도록 자꾸 설득합니다. 하지만 거의 실패할 것입니다. 성령만이 그 사람의 마음을 열 수 있기 때문입니다. 성령이 아니면 하나님의 일을 볼 수 없습니다. 그래서 먼저 중생이 필요한 것입니다. 영적으로 거듭나는 일이 먼저 일어나야 합니다. 성령의 역사로 믿음이 생기기 때문에 믿음은 하나님의 선물이라고 부르는 겁니다. 우리가 하나님의 영광을 본다면, 하나님이 살아 계신 것 확실히 믿어지고, 하나님이 나를 사랑하시는 것과 예수님을 통해서 나를 구원하시고 받아주신 것을 아는 지식이 나에게 있다면, 그것은 전적인 하나님의 선물입니다. 우리가 깊이 궁구해서 깨달은 지식이 아닙니다. 우리에게 기막힌 영적인 통찰력이 있어서 스스로 깨달아 안 것이 아닙니다. 하나님이 보여 주셨습니다. 하나님께서 성령님을 주셨고, 그 성령께서 우리에게 깨닫게 해 주신 것입니다.

영적인 사람(그리스도인)

육적인 사람이 있다면 영적인 그리스도인이 있습니다. "우리가 세상의 영을 받지 아니하고 오직 하나님께로 온 영을 받았으니 이는 우리로 하여금 하나님께서 우리에게 은혜로 주신 것들을 알게 하려 하심이라." 성령을 받은 사람들은 하나님이 우리에게 은혜로 주신 것들을 압니다. 하나님이 우리에게 은혜로 주신 그것은 무엇입니까? 그것은 세상 사람들이 구하는 건강, 장수, 부귀, 영화 같은 것들이 아닙니다. 하나님이 우리에게 은혜로 주신 것은 우선 죄사함입니다. 하나님이 우리의 죄를 다 용서해 주셨습니다. 우리를 의롭게 여겨 주셨습니다. 예수님만큼 의롭다 하셨습니다. 나에게 예수의 의의 옷을 입혀주셨기 때문입니다. 예수님과 내가 연합하여 하나가 되게 해주셨기 때문입니다. 그것은 이제 하나님이 나를 보실 때 예수님처럼 보신다는 뜻입니다. 하나님이 나를 용서하시고 나를 의롭다 여겨 주시고 하나님의 자녀 삼아주셨습니다. 신학자 제임스 패커(J. I. Packer)는 말합니다: "하나님이 우리를 사랑하는 그 사랑은 하나님이 예수님을 사랑하는 사랑과 똑같다." 여러분 이 사실을 믿습니까? 이것이 하나님이 우리에게 은혜로 베푸신 것입니다.

그 은혜의 궁극적인 결과는 무엇입니까? 좀전에 나눴던 영광입니다. 우리가 은혜로 받은 다른 한 가지는 하나님의 영광입니다. 우리가 그 하나님의 영광에 이르게 해주셨습니다. 이것 역시 성령께서 우리의 눈을 열어주실 때 비로소 볼 수 있고 알 수 있는 것입니다. 그래서 이 영광을 깨달은 사람들은 어떤 반응을 보입니까? 하나님의 영광을 아는 성도의 가장 중요한 특징은 기쁨입니다. 너무 너무 좋아서 기뻐합니다. 베드로전서 1장 8절에서 베드로는 "예수를 너희가 보지 못하였으나 사랑하는도다. 이제도 보지 못하나 믿고 말할 수 없는 영광스런 즐거움으로 기뻐하니."라고 말합니다. 하나님의 영광을 본 사람들, 하나님이 우리에게 은혜로 주신 것들을 알고, 성령의 조명을 통하여 그것을 깨달은 사람들은 기쁨의 삶을 삽니다.

그래서 성령의 아홉 가지 열매 가운데 "희락", 즉 기쁨이 있는 것은 너무도 당연합니다. 심지어 이 기쁨은 환난과 핍박 속에서도 잃어버리지 않을 수 있는 기쁨입니다. 재난과 어려움 속에서도 성도는 기뻐합니다. 그러니 이것은 상황과 조건에 따라서 결정되는 세상이 주는 기쁨과 다릅니다. 상황적인 기쁨이 아닙니다. 상황을 초월해서 항상 기뻐할 수 있습니다: "항상 기뻐하라"는 사도 바울의 권면이 터무니 없는 것은 아닙니다. 세상사람들이 우리에게서 이 비밀을 보아야 합니다. 세상사람들이 우리에게서 우리가 하나님의 영광을 보고 기뻐하는 모습을 볼 때 비로소 우리가 믿고 있는 바를 궁금하게 여길 것입니다. "너는 하는 일마다 잘 안 되는 것 같고, 나보다 훨씬 불행한 환경에서 사는 것 같은데, 어떻게 그렇게 기뻐할 수 있니? 그 비결이 무엇이냐? 어떻게 너는 교통사고가 나도 감사하고, 무슨 일이 잘 안 되도 감사하고, 사람들이 너를 비웃고 비난하고 모함하고 욕하고 따돌려도 그들을 용서하고, 변함없이 기뻐할 수 있는 거니? "라고 물어올 수 있는 사람이어야 합니다.

성령의 조명

적용

이것이 기독교의 본질이고, 이것이 복음입니다. 우리가 잘 먹고 잘 살 수 있는 환경을 누리는 것이 복음이 아니라 어떤 환경에서도 하나님의 영광을 보며 즐거워하는 것이 복음입니다. 오늘 우리에게 필요한 것은 성령의 조명입니다. 주님이 성령님을 통해서 이것을 우리에게 주셨습니다. 그런데도 우리가 왜 잘 못 보고 있는 것일까요? 자꾸 "세상"을 먼저 보기 때문입니다. 그 세상에 의해 우리의 눈이 가려지고 세상의 욕심에 사로잡히면 우리가 신령한 일을 보지 못하게 됩니다. 그래서 오늘 우리는 "영의 눈으로 보게 하여 주소서"라고 간절히 기도해야 합니다.

성령의 조명을 구하는 기도, 이것이 올 해 여러분의 가장 중요한 기도 제목이 되기를 바랍니다. "제 눈을 열어 주소서." "제 마음의 눈을 밝혀 주소서." "주님의 영광을 보게 하소서." 우리는 이미 그리스도 안에 있고, 그리스도 안에서 하늘에 속한 모든 신령한 복을 받았기 때문에, 더 받아야 할 것은 없습니다. 하나님께서 더 새롭게 추가하여 주셔야 할 것은 없습니다. 우리는 그리스도 안에서 이미 모든 것을 다 받았습니다. 따라서 이제 필요한 것은 내가 그것을 보는 것입니다. 성령의 조명을 통해서 그것을 보는 것이 필요합니다. 그래서 바울은 에베소서 1장 17-19절에서 이렇게 기도합니다.

"우리 주 예수 그리스도의 하나님, 영광의 아버지께서 지혜와 계시의 정신을 너희에게 주사 하나님을 알게 하시고 너희 마음눈을 밝히사 그의 부르심의 소망이 무엇이며 성도 안에서 그 기업의 영광의 풍성이 무엇이며 그의 힘의 강력으로 역사하심을 따라 믿는 우리에게 베푸신 능력의 지극히 크심이 어떤 것을 너희로 알게 하시기를 구하노라"(엡 1:17-19).

하나님께서 지혜와 계시의 성령님을 우리에게 주셔서 우리의 마음의 눈을 밝혀 주시기를 구합니다. 그래서 우리가 하나님께서 우리에게 베푸신 모든 것을 알게 하시기를 구합니다. 이것이 저를 위한 기도이고 여러분을 위한 기도입니다. 우리의 눈이 밝아지기를 바랍니다. 성령의 조명을 통해서 우리가 하나님의 영광을 밝히 보기를 원합니다. 보는 만큼 변화됩니다. 고린도후서 3장 18절에서 바울은 우리가 영광으로 영광에 이른다고 하셨습니다. 주님의 형상을 봄으로써 그렇게 된다고 하셨습니다. 이제 우리가 그 영광을 보는 눈이 밝히 열리기를 기대합니다.

말씀 묵상

어떻게 하면 우리의 눈이 밝아지고 하나님의 영광을 보게 될까요? 두 가지를 제안합니다. 첫째, 하나님의 말씀을 깊이 묵상할 때 우리의 눈이 열립니다. 말씀을 마음에 간직해야 됩니다. 사람들이 저에게 설교 준비를 어떻게, 그리고 얼마나 오래 하는지를 묻곤 합니다. 그런데 저는 이런 질문에는 대답하기가 곤란한데, 사실 책상 앞에 앉아서 준비하는 것만이 전부가 아니기 때문입니다. 설교자는 늘 전할 말씀을 생각합니다. 운전하면서도, 산책하면서도, 기도하면서도 늘 생각합니다. 그러다 보면 불현듯 깨달음이 오는 순간이 있습니다. 평상시 내가 외워둔 말씀, 묵상한 말씀, 이미 알고 있는 말씀, 내 안에 저장되어 있던 말씀을 하나님께서 사용하시는 것입니다. 어느 순간에는 상황에 맞는 적절한 문구가 떠 오릅니다.

만약 제가 평사시에 하나님의 말씀을 공부하지 않았고 묵상하지 않았고 암송하지 않았다면, 하나님께서 쓰실 수 없습니다. 내가 저장해 둔 말씀을 하나님께서 쓰시는 것입니다. 오늘 아침에 묵상할 때는 못 깨달을 수 있습니다. 아무리 들여다 봐도 느낌이 오지 않을 수 있습니다. 그래도 날마다 묵상하면서 하루하루 삽니다. 그런데 그 날 오후에 말씀을 깨닫게 해 주실 때가 있고, 한참 후에 그 말씀이 나와 상관 있는 것으로 다가올 수도 있습니다.

그래서 저는 여러분에게도 권합니다. 말씀을 자꾸 자꾸 여러번 마음 속에 넣어 두십시오. 기본적으로 〈매일성경〉이나

〈생명의 삶〉 같은 묵상 자료의 도움을 받아 묵상하십시오. 열심히 묵상하십시오. 오늘 그 뜻이 분명하지 않아도 꾸준히 하십시오. 나중에 그렇게 묵상한 말씀을 하나님이 쓰실 것입니다. 꼭 말씀 묵상을 하시고 또 말씀을 암송하기도 하십시오. 그러면 여러분 안에 말씀이 차곡차곡 쌓일 것입니다. 다독도 중요하지만, 더 중요한 것은 그 말씀이 내 마음에 머물러 있는 것입니다. 묵상을 통할 때 하나님의 말씀이 우리 안에 차곡차곡 쌓이게 될 것입니다.

기도

둘째, 기도하십시오. 말씀을 통해 우리의 마음 눈이 환하게 밝아졌을 때, 그리고 성령께서 말씀을 통해 우리 마음 눈을 환히 밝혀 주셨을 때, 우리는 비로소 세상을 보는 바른 시각이 형성됩니다. 세상이 너무 좋고 매력적이어서 그 세상을 따라가지 않기 위해 이를 악물고 참아야 하는 것이 아닙니다. 우리의 눈이 열리면 세상이 얼마나 허무하고 더럽고 악한지를 확실히 보게 됩니다. 그래서 그냥 줘도 안 가지고, 따라오라고 해도 안 갈 수 있게 됩니다. 나는 오직 주님을 따르겠다고 고백하는 사람이 됩니다. 하늘 영광을 추구하겠다고 결심하게 됩니다. 그렇게 살아 가는 것이 믿음입니다.

믿음은 보지 못하고 알지 못하지만 무조건 따라 가는 것이 아닙니다. 믿음은 말씀을 통해 드러난 하나님의 모습, 하나님의 뜻, 하나님의 영광을 보고 반응하는 것입니다. 이것이 인격적인 믿음이고 성경적인 믿음입니다. 하나님은 이미 말씀하셨고 보여 주셨습니다. 그것이 성경에 기록되어 있습니다. 이제 우리에게 필요한 것은 이 성경을 읽고 묵상하고 성령의 조명을 위해 기도함으로써 성령께서 이 말씀을 우리에게 깨닫게 하시고 마음의 눈을 밝히셔서 주의 영광을 보게 해 주시는 것입니다. 이 신령한 은혜가 우리에게 풍성하기를 간절히 바랍니다.

"그런즉 씨 뿌리는 비유를 들으라. 아무나 천국 말씀을 듣고 깨닫지 못할 때는 악한 자가 와서 그 마음에 뿌리운 것을 빼앗나니 이는 곧 길 가에 뿌리운 자요. 돌밭에 뿌리웠다는 것은 말씀을 듣고 즉시 기쁨으로 받되 그 속에 뿌리가 없어 잠시 견디다가 말씀을 인하여 환난이나 핍박이 일어나는 때에는 곧 넘어지는 자요. 가시떨기에 뿌리웠다는 것은 말씀을 들으나 세상의 염려와 재리의 유혹에 말씀이 막혀 결실치 못하는 자요. 좋은 땅에 뿌리웠다는 것은 말씀을 듣고 깨닫는 자니 결실하여 혹 백배, 혹 육십배, 혹 삼십배가 되느니라 하시더라"(마 13:18-23).

기독교 신앙의 걸림돌

여러분은 기독교 신앙이 믿지 않는 자들에게 어떤 점에서 걸림돌이 된다고 생각합니까? 비기독교인들은 기독교 신앙을 대할 때 어려움을 느낍니다. 그들이 기독교 신앙을 받아들이는 데 걸림돌과 장애물이 되는 것은 무엇입니까?

기적

첫째, 기적입니다. 기독교는 너무 황당무계한 이야기들을 믿는다고 생각합니다. 가령 예수님이 물 위를 걸으셨다든지, 보리떡 다섯 개와 물고기 두 마리로 오천 명을 먹이셨다는 이야기를 어떻게 믿을 수 있느냐고 반발합니다. 더 들어가면 창조에 대해서도 의문을 제기하고 예수님의 부활 이야기 역시 난색을 표하는 기적입니다. 오늘 같은 과학 문명의 시대에 검증될 수 없는 성경 이야기를 어떻게 곧이곧대로 믿을 수 있겠느냐고 의문을 제기합니다. 또한 그들에게는 우리가 믿는 하나님이 우리의 눈과 귀로는 볼 수 없고 경험할 수 없다는 사실 그 자체가 기독교 신앙의 걸림돌이 된다고 생각합니다. 정말 하나님이 살아계신다면 자신에게 보여달라고 합니다. 그들은 우리가 믿는 모든 것들이 다 꾸며낸 이야기일 뿐이라고 단정짓습니다.

그런데 기적에 대해서 우리는 다양한 설명을 할 수 있습니다. 혹시 루이스(C. S. Lewis)의 책 「기적」을 읽어보신 적이 있습니까? 기적을 받아들이느냐 거부하느냐 하는 것은 그 기적이 일어날 가능성이 있는가 아니면 자연법칙에 어긋나는 것인가의 문제가 아니라, 우리가 살아가는 이 세계가 자연뿐이냐 아니면 초자연의 차원이 있느냐 하는 보다 근본적인 문제입니다. 다시 말해서, 기적이 일어날 수 있는가 아닌가 하는 문제에 대해서는 얼마든지 대답할 수 있다는 것입니다. 우리는 논리적으로 기적의 가능성을 설명할 수 있습니다. 또 하나님이 보이시지 않는다고 해서 안 계신다고 할 수 없습니다. 눈에 보이지 않는 것은 존재하지 않는다는 결론 역시 얼마든지 반박할 수 있습니다.

특수성(particularity) 주장

둘째, 제 생각에는 기독교 신앙 가운데 믿지 않는 자에게 가장 큰 걸림돌이 되는 것은 기독교 신앙의 특수성입니다. 특수성 또는 특이성(Particularity)이란 말은 무슨 뜻입니까? 우선 기적은 보편적이지 않다는 뜻입니다. 기독교가 주장하는 진리는 세계 어디서든 누구나 스스로 묵상하고 궁구함으로써 깨달을 수 있는 무언가가 아닙니다. 사실 다른 종교들에서는 그렇게 할 수 있습니다. 불교를 예를 들면, "인생은 고해(苦海)다"라는 진리는 부처님이 가장 깊이 잘 깨달았겠지만, 살아가면서 누구나 체험할 수 있는 진리이기도 합니다. 그래서 힌두교적인 범신론적 세계관이나 불교적 세계관이나 대다수의 도덕적인 가르침들은 보편적입니다. 어느 시대 어느 곳에 사는 사람들도 다 생각할 수 있는 것들입니다. 그래서 사람들은 이것이 참된 진리라면 특별한 소수의 사람들에게만 계시 같은 것을 통해서 알려져서는 안되고, 누구나 알 수 있는 것이어야 한다고 생각합니다. 그러나 기독교는 성경이라는 특별한 계시를 주장합니다. 하나님께서 성경에 당신의 말씀을 주셨다고 우리는 믿습니다. 다른 여러 철학책이나 도덕적 가르침을 담은 책에 있는 진리를 망라해서 모든 종류적 진리는 다 인간이 생각해 내고 인간이 만들어낸 진리이지만, 하나님이 직접 하신 말씀은 오직 이 성경 안에만 있습니다. 이것이 기독교 신앙이 주장하는 바입니다. 이것이 특이성이 의미하는 바입니다. 무엇보다도 이천 년 전에 유대 땅에 사셨던 한 인간 예수가 특별하게 하나님의 아들이라는 주장, 그리고 그를 믿어야만 구원을 얻는다는 주장이 절대 포기할 수 없는 기독교의 특수성입니다. 그래서 일각에서는 "기독교의 스캔들"이라고 부르면서 거절했습니다.

혹시 여러분도 이 문제를 두고 고민합니까? 저는 사실 이 문제가 비기독교인들 에게만 걸림돌이 되는 것이 아니라 믿는 자들에게도 종종 어려움을 준다고 생각합니다. 기독교가 정말 진리라면 모든 시대 모든 사람이 다 깨달아 알 수 있는 보편적 진리여야 한다는 생각이 우리에게 있을 것입니다. 그래서 특별하게 소수의 사람들에게 하나님이 보여주시고, 또 이것을 전파해서 소수의 사람들이 믿고, 그런 식으로 확산되는 것은 우리의 감수성에 맞지 않습니다. 그렇지만 가장 중요한 것은 실상입니다. 내가 무엇을 바라느냐 하는 것입니다. 그렇다고 해서 내 취향이나 기호에 따라 좋아하는 종교를 선택하는 문제가 아닙니다. 실제로 세상은 어떻게 되어 있는가, 실제 실상은 무엇이냐 하는 것이 가장 중요한 문제입니다.

인간의 실상

인간의 실체는 무엇입니까? 인간이 죄에 빠져 하나님과 단절되어 있고, 따라서 하나님을 모른다는 것입니다. 이것이 실상입니다. 사람들이 스스로 깨달아 알 수 있는 많은 부분들이 있습니다. 도덕법칙을 통해서 깨달을 수도 있고, 자연법칙은 계시가 없어도 자연과학을 통해서 그리고 인간의 이성을 가지고 추론해서 알 수 있습니다. 그러나 인간이 자기 힘만으로는 알 수 없는 한 진리가 있습니다. 그것은 하나님에 대한 진리입니다. 인간은 죄에 빠져서 영적으로 죽은 존재들입니다. 에베소서 2장 1절은 말합니다. "너희의 허물과 죄로 죽은 너희를 살리셨도다." 우리는 영적으로는 죽어 있습니다. 하나님과 분리되어 있습니다. 죄로 인해서 하나님과 분리되었고 영적으로 죽어 있습니다. 그래서 인간은 스스로 하나님을 알 수 없는 것입니다. 이것이 실상입니다. 하나님이 직접 우리에게 찾아오셔서 당신이 어떤 존재인지를 보여 주시지 않고 일깨워 주시지 않는 한, 우리의 눈을 열어주시지 않는 한, 인간은 스스로 하나님을 알 수 없습니다.

구원은 우리 바깥에서 와야 합니다. 하나님께서 우리를 찾아 오셔야 합니다. 죽은 자는 스스로 소생할 수 없기 때문입니다. 죽은 자가 스스로 일어날 수 있다면 그건 죽은 게 아닙니다. 자력구원을 말하는 모든 종교의 모순이 여기 있습니다. 인간이 스스로 구원을 성취할 수 있다면 논리적으로 인간은 구원받을 필요가 없는 존재가 됩니다. 이미 구원받은 존재가 됩니다. 그래서 일부 불교의 지도자들까지도 우리는 이미 구원받은 존재라는 진리를 보아야 한다고 말하고 있습니다. 사실입니다. 여러분, 만약에 인간이 잠들어 있다면 누군가 깨워야 합니다. 잠자는 자가 잠자는 자신을 깨울 수는 없습니다. 인간이 죽어 있다면 누군가 살려야 할 것이고 인간이 자고 있다면 누군가 깨워야 할 것입니다. 여기에 우리가 말씀을 강조하는 이유가 있습니다. 하나님께서 말씀하셔야 우리는 들을 수 있

습니다. 하나님께서 보여 주셔야 우리는 볼 수 있습니다. 하나
님께서 찾아 오셔야 우리는 만날 수 있습니다. 하나님께서 살
려 주셔야 우리는 구원받을 수 있습니다. 이것이 기독교의 특
수성, 특이성입니다.

전도의 필요성

하나님과 단절되어 있는 인류가 있습니다. 하나님과 인류
사이에는 죄라고 하는 장벽이 가로 막혀 있습니다. 인간 스스
로는 이 죄의 장벽을 뚫고 하나님께로 나아갈 수 없고 하나님
을 알 수 없습니다. 그래서 하나님께서 인간에게 말씀하시고
인간을 찾아 오신 것입니다. 이것이 기독교 신앙의 출발입니
다. 여러분, 우리가 복음을 전해야 하는 이유도 바로 여기에
있습니다. 인간이 스스로 깨닫고 하나님을 찾아오지 않기 때
문에 우리가 가야 합니다. 누군가가 우리에게 왔습니다. 누군
가가 우리에게 하나님의 소식을 갖고 찾아 왔습니다. 누군가
가 우리에게 전도를 했습니다. 그리고 우리는 그 말씀을 듣고
살아났습니다. 믿음을 갖게 되었습니다. 그러니 이제는 우리
가 이 말씀을 듣고 찾아가야 할 차례입니다. 바울은 복음 전
파의 중요성을 이렇게 말하고 있습니다. "누구든지 주의 이름
을 부르는 자는 구원을 얻으리라." 이것은 사실입니다. 누구

든지 주의 이름을 부르는 자는 구원을 얻습니다. 그런데 문제
는 믿지 않는 자를 어떻게 부르는가 하는 것입니다. 주님을 믿
지 않는데 어떻게 부를 수 있습니까? 또한 듣지 못했는데 어떻
게 믿을 수 있습니까? 그래서 "믿음은 들음에서 나며 들음은
그리스도의 말씀으로 말미암느니라"라고 바울은 말한 것입니
다. 들어야 합니다. 믿음은 말씀을 들을 때 생깁니다. 그래서
누군가가 가서 전파해야 합니다. 누군가는 보냄을 받아야 하
는 것입니다. 하나님은 당신의 사자들을 보내셨고, 그 보냄을
받은 자들이 와서 복음과 말씀을 전했습니다. 그 말씀을 들은
자들은 믿고 살아나고 주의 이름을 부를 수 있게 되었습니다.

믿음

지금 우리는 복음주의 신앙의 세 가지 핵심요소 중의 첫 번
째 것을 생각해 보고 있습니다. 첫 번째 핵심요소는 계시입니
다. 성부 하나님께서 우리에게 말씀을 주셨습니다. 두 번째는
성자 예수님을 통한 구속입니다. 세 번째는 성령 하나님을 통
한 중생입니다. 계시, 구속, 중생을 다른 말로 바꾸면 성경, 십
자가, 회심입니다. 이것이 복음주의 신앙의 세 가지 핵심요소
입니다. 그 중에서 우리는 지금 계시에 대해서 살펴보고 있는

중입니다. 살아 계시고 말씀하시는 하나님이 계십니다. 하나님이 계십니다. 그 하나님이 말씀하십니다. 그 하나님의 말씀이 성경에 담겨 있습니다. 그런데 이 성경을 우리가 읽을 때 성령께서 우리의 마음눈을 밝혀 조명하심으로써 우리가 이 말씀을 듣고 깨닫게 되는 것입니다. 여기서는 계시에 관하여 마지막 메시지를 나누려고 합니다. 계시에 대해 우리가 어떻게 반응해야 되는가, 즉 '믿음'이란 주제를 생각해보려고 합니다.

창조의 능력을 가진 말씀

믿음에 대한 가르침을 가장 분명하게 가르쳐 주는 본문은 씨뿌리는 자의 비유일 것입니다. 예수님은 이 비유로 믿음에 대해 가르쳐 주셨습니다. 씨뿌리는 자가 나가서 씨를 뿌립니다. 예수님은 이 씨는 '말씀'이라고 하셨습니다. 하나님의 나라는 말씀을 통해 퍼져 나갑니다. 이 말씀은 단순한 이론이 아닙니다. 말씀은 단순한 정보가 아닙니다. 말씀은 단순한 지식이 아닙니다. 말씀은 하나님의 창조의 능력입니다. 하나님께서 말씀하시면 반드시 어떤 사건이 벌어집니다. 태초에 하나님께서는 말씀을 통해 아무 것도 없는 무(無)에서 이 세계를 창조해 내셨습니다. 말씀에는 창조의 능력이 있습니다. 마찬가지로 이 말씀은 죽은 자를 살리는 새롭게 창조하는 능력을 가지고 있습니다. 그래서 말씀을 통해서 생명이 전파되고 말씀을 통해서 구원이 선포되고 말씀을 통해서 하나님의 나라가 확장될 수 있습니다.

네 종류의 밭

길가

농부가 씨를 뿌립니다. 그런데 이 씨가 네 종류의 다른 밭에 떨어집니다. 이 네 종류의 밭이 곧 네 가지 종류의 믿음의 반응을 가리킵니다. 하나씩 하나씩 살펴보겠습니다. 처음 밭은 사실 밭이라고 말할 수도 없습니다. 길가에 떨어졌습니다. 씨를 뿌리는 장면을 상상해 보면 쉽게 이해할 수 있을 것입니다. 씨를 뿌릴 때 활짝 손을 펴서 흩뿌립니다. 그러면 더러는 밭고랑에 떨어지지 않고 길가에 떨어지기도 할 겁니다. 길가에 떨어지는 씨들은 물론 열매를 맺지 못합니다. 씨들이 길가에 떨어집니다. 이 길가는 가장 단단한 땅입니다. 사람들이 늘 밟고 다니는 땅이라서 씨가 떨어져도 땅위에 머물 뿐입니다. 씨는 그 땅을 파고 들어갈 힘이 없기 때문입니다. 길 가에 떨어지면 씨가 그대로 있기 때문에 새들이 와서 쪼아 먹습니다. 이것이 첫 번째 모습입니다. 이것은 어떤 상황을 말하는가 하면, 말씀이 전혀 통하지 않는 상황입니다. 예수님은 그것을 악한 자가 말씀을 **빼앗아** 가는 것이라고 설명하십니다.

복음을 전해 보면 전혀 관심이 없는 사람들이 있습니다. 듣기는 듣습니다. 영어로 하면 "to hear"하지만 "to listen" 하지는 않는 겁니다. 주의깊게 들으려고 하지 않는 사람입니다. 그들에게 기독교의 말씀이나 복음은 단지 시끄러운 소리나 귀찮은 소음에 지나지 않습니다. 애초에 들으려는 마음이 전혀 없는 사람들은 아무리 외쳐도 관심을 보이지 않고 주의를 기울이지 않습니다. 왜 그럴까요? 하나님을 찾고자 하는 갈급함이 그 속에 없기 때문입니다. 그런데 영적으로 보면 거기에 사탄의 역사가 있어서 그렇습니다. 고린도후서 4장 3-4절에서 바울은 말합니다. "만일 우리 복음이 가리웠으면 망하는 자들에게 가리운 것이라 그 중에 이 세상 신이 믿지 아니하는 자들의 마음을 혼미케 하여 그리스도의 영광의 복음의 광채가 비취지 못하게 함이니 그리스도는 하나님의 형상이니라." 전파된 말씀을 받아들이지 않는데, 이는 누군가 그 마음을 혼미케 하였기 때문이라고 합니다. 마음을 어둡게 하고 마음을 가려서 복음의 영광을 보지 못하게 했다는 것입니다. 누가? 이 세상 신, 악한 자, 사탄이 한 짓입니다. 이것이 길가에 떨어진 씨입니다.

따라서 우리가 복음 전하면 모든 사람이 쌍수를 들고 환영할 것이라고 기대할 수 없습니다. 더 많은 사람들은 관심을 두지 않습니다. 그 배후에 사탄의 역사가 있습니다. 따라서 이 복음 전파는 일종의 영적 전쟁입니다. 가장 영적 전쟁이 치열한 전장이 바로 복음이 전파되는 현장입니다. 교회에서 수련회를 하려고 하면 꼭 와야 할 것 같은 사람들은 오지 못합니다. 온다고 했다가도 꼭 어떤 사정이 생깁니다. 그런데 그런 일이 우연히 일어난다고 생각합니까? 아닙니다. 일반화할 수 없지만 상당 부분 사탄이 막고 있는 것입니다. 너무 너무 안타깝습니다. 들어야 될 사람이 듣지 않습니다. 누군가가 방해하고 교란하고 있습니다. 그래서 특히 복음을 전할 때나 말씀을 나눌 때는 더 많은 기도가 필요합니다.

돌밭

두 번째는 돌밭입니다. 돌밭은 겉으로 보기에는 여느 밭과 똑같습니다. 그런데 실제로는 흙이 얇습니다. 조금만 들어가면 단단한 지반이 나옵니다. 돌이 그 밑에 깔려 있습니다. 그래서 겉으로는 밭인데 흙이 얇기 때문에 씨앗이 떨어져서 뿌리가 나지만 얼마 들어가지 못하고 막혀 버립니다. 겉으로는 밭처럼 보이지만 실제로는 밭이 아닌 것이나 다름 없습니다.

어떤 사람들을 두고 하신 말씀일까요? 말씀에 어떻게든 즉시 반응합니다. 심지어 기쁨으로 듣기도 합니다. 하지만 말씀에 대한 일차적인 반응이 전부가 아닙니다. 처음에는 너무나 좋고 자기한테 도움이 되었다고 반응합니다. 정말 이 말씀을 듣고 힘이 난다고 합니다. 그러면 말씀을 전하는 자들은 이분이 신앙생활을 할 것이라고 기대하기 시작합니다. 그런데 시간이 지나 그 말씀이 열매를 맺어야 할 것인데 전혀 열매가 없습니다. 왜 그렇습니까? 주님은 말씀하십니다. 그들은 환난과 핍박이 닥치면 넘어진다고 말입니다. 뿌리가 아주 조금 밖에 땅속으로 들어가지 못했으니 버틸 힘이 없는 것입니다. 그래서 조금만 어려움이 오면 금방 넘어지고 뿌리가 뽑히고 마는 것입니다.

말씀에 대한 긍정적 반응이나 지적 동의가 진정한 믿음을 보장하는 것은 아닙니다. 히브리서 2장 1절에 이런 말씀이 있습니다. "그러므로 모든 들은 것을 우리가 더욱 간절히 삼갈지니 혹 흘러 떠내려 갈까 염려하노라." 우리가 말씀을 들을 때 믿음으로 그 말씀을 꽉 붙잡아야 됩니다. 들은 말씀을 간절히 삼가야 합니다. 주의를 기울여야 한다는 뜻입니다. 그렇게 말씀을 꽉 붙잡지 않으면 내가 흘러 떠내려 가게 됩니다. 말씀을 내가 놓친다는 뜻이 아니라 말씀으로부터 내가 흘러 떠내려가 게 된다는 것입니다.

저는 이미 그랬던 사람들이 여럿 떠오릅니다. 대학생 때 였 습니다. 수련회에 같이 참석했고 같이 큰 은혜를 경험했습니 다. 같이 간증도 했습니다. 그런데 계중에는 지금 전혀 교회에 안 다니는 친구들이 있습니다. 주님으로부터 멀리 떠나 있는 친구들 말입니다. 나중에는 돌아올 수도 있고 영영 돌아오지 않을 수도 있습니다. 그런데 제가 갖는 의문은 그때 분명히 믿 는다고 했고 영접했는데, 같이 기뻐했고 고백했는데 왜 이렇 게 되었을까 하는 것입니다. 그 이유가 무엇일까요? 히브리서 에 따르면, 말씀을 붙잡지 않아서입니다. 듣고 그 순간에는 즐 거웠을지 모르지만 진정한 믿음이 아니었던 것입니다. 말씀을 붙잡아야 합니다. 여러분은 자신할 수 있습니까? 우리를 둘러 싼 이 세상 문화는 생각보다 강력합니다. 우리가 TV를 보고 뉴스를 듣고 신문을 보고 주변 사람들과 이야기를 하면서 세 상 가치관이 당연하게 생각하는 어떤 상식이나 사고방식에 알 게 모르게 영향을 받습니다. 그런 사람들 틈에 끼여 살다 보면 우리도 모르게 생각이 자꾸 바뀝니다. 그래서 지금은 내 믿음 이 분명하다고 생각하고 절대 흔들리지 않을 것이라고 자신하 지만, 시간이 지나면서 슬며시 회의가 찾아올 때도 있을 것입니다. 성경의 말씀이 말이 안 되는 것 같이 느껴지기도 할 것입니다. 그러다가 흘러 떠내려가게 되는 것입니다.

우리는 생각만큼 신념이 굳은 사람들이 아닙니다. 인류학자들이 말하기를, 과학시대에 살아서 귀신이나 유령 같은 것을 전혀 믿지 않던 사람들도 그것을 믿는 부족에 들어가서 몇 년 살다 보면 그런 존재들을 인정하게 된다고 말입니다. 우리는 주변의 영향을 잘 받습니다. 환난이나 핍박의 때에 내 주변 사람들이 내가 믿는 바를 조롱하고 성경의 말씀을 우습게 여기는 말을 듣다보면 대세를 거스르기가 싫어서 타협하기 시작하고, 그러다 보면 나도 모르게 흘러 떠내려가는 일이 얼마든지 벌어질 수 있습니다. 그러니 여러분, 믿음을 끝까지 붙잡아야 합니다. 처음에 아멘으로 화답했고 감동 받았다고 해서 그것을 믿음이라고 할 수는 없습니다.

가시떨기밭

세 번째는 가시떨기밭입니다. 가시떨기밭은 밭은 밭인데 밭이 고르게 기경되어 있지 않습니다. 여러 잡초도 나 있고 가시떨기 같은 것들이 이미 자라고 있는 밭입니다. 거기에 떨어진 씨는 자라지만 곧 가시의 기운에 막혀서 더는 자라지 못합니다. 여기서 가시는 세상의 염려나 재리의 유혹이라고 해석하십니다. 어떤 사람들은 말씀을 잘 듣고 심지어 그것이 진리라고 생각하기도 합니다. 그렇지만 이 사람들은 말씀보다는 다른 것으로 생각이 가득차 있습니다. 돈 걱정이 지나쳐서 자꾸 악화될 것 같은 경제 사정에 너무 민감해집니다. 그런 유혹과 염려가 말씀을 막습니다.

하나님의 말씀이 우리에게 들려지고 우리 심령에 와닿을 때 영적 전쟁이 일어납니다. 우리를 사로잡고 있던 기존의 사고방식이나 가치체계, 철학이나 세계관들이 하나님의 말씀과 충돌하면서 영적 전쟁이 일어납니다. 이 말씀을 받아들이려면 나를 둘러싸고 있고 또 내 심령과 정신을 사로잡고 있는 껍데기를 벗어버려야 합니다. 즉 가시떨기들을 물리치지 않으면 말씀이 내 심령 깊은 곳까지 파고들지 못합니다. 믿는다고 고백하기만 하면 절로 가치관이 변하는 것은 아닙니다. 여전히 세상의 염려나 재리의 유혹에 매달린 사람은 말씀을 받아들이지 못합니다. 그러니까 단순히 세상의 염려나 재리의 유혹 뿐 아니라 나의 생각의 틀 전체가 흔들리고 재정립되어야 합니다.

회심은 원어로 메타노이아(metanoia)입니다. 메타노이아는 생각(mind)의 변화를 의미합니다. 이는 사고방식이 변하는 것이고, 가치관 혹은 세계관이 변하는 일입니다. 이런 근본적인 변화가 일어나지 않은 채 기존의 사고방식에다 말씀을 덧붙인다고 해도 소용 없습니다. 금방 말씀이 막혀서 결실할 수 없습니다. 고린도후서 10장 4-5절에서 사도는 말합니다: "우리의 싸우는 병기는 육체에 속한 것이 아니요 오직 하나님 앞에서 견고한 진을 파하는 강력이라. 모든 이론을 파하며 하나님 아는 것을 대적하여 높아진 것을 다 파하고 모든 생각을 사로잡아 그리스도에게 복종케 하니"

실제로 기존의 세계관이 깨어졌기 때문에 우리가 진리를 받아들이는 것입니다. 갈등이 일어나지 않는다면 애초에 받아들인 것이 아닙니다. 그래서 갈등이 일어나는 것은 긍정적인 신호입니다. 정말 듣고 있고 생각하고 있기에 갈등하는 것이기 때문입니다. 내가 갖고 있는 것을 놓지 않고 붙잡으려고만 하면 말씀을 거부할 것이다. 우리는 모두 이런 성향이 있습니다. 새 것을 받아들이길 두려워하고 익숙한 대로 살고 싶기 때문입니다. 그렇지만 변화가 반드시 일어나야 합니다. 믿음의 첫걸음은 무엇인지 아십니까? 우리의 생각을 내려 놓는 일입니다. 진정한 겸손이란 무엇입니까? 배우고자 하는 마음입니다. 또한 내 생각이나 판단이 틀릴 수 있다고 전제하는 것이 겸손입니다. 그러면서 하나님의 말씀에 귀기울이고 그 말씀에 빛을 비추어 우리 자신의 모든 것을 다시 점검하고 검토해야 합니다. 그래서 하나님의 말씀의 빛에 비추어 모든 것을 새롭게 교정해야 합니다. 언제 그런 일이 일어납니까? 성경 공부나 매일 아침 말씀묵상을 할 때 일어납니다. 또 주일 예배때 말씀을 들을 때도 변할 수 있습니다. 물론 그런 일이 잘 일어나는 것은 아닙니다. 주의깊게 듣지 않거나 길가가 되거나, 들어도 믿음으로 붙잡지 않아서 뿌리를 내리지 못하거나, 아니면 이미 기존의 생각이나 가치관 같은 것을 내려놓지 않기 때문에 열매 맺지 못하는 것 같습니다.

여러분은 예수 믿고 나서 매일 나의 관점이 달라지고 내 생각이 바뀌었다고 말할 수 있습니까? 예수 믿었는데도 십년 전이나 이십년 전이나 똑 같다면 우리는 제대로 살고 있는 것이 될 수 없습니다. 말씀이 어떤 변화를 일으켰는지 궁금합니다. 하나님의 말씀이 내 과거의 것들, 즉 오래된 생각의 습관들에 충격을 가하고 균열을 일으키고 깨뜨려서 말씀이 안으로 들어오는 역사가 다시 조국 교회 안에 재현되기를 기도합니다. 또한 맘몬의 문화로 대변되는 가시떨기를 벗어 버려야 합니다.

좋은 땅

마지막으로는 좋은 땅에 떨어진 씨들이 있습니다. 좋은 땅은 말씀을 받아들이는 사람입니다. 마태복음은 이렇게 번역하고 있습니다: "좋은 땅에 뿌리웠다는 것은 말씀을 듣고 깨닫는 자니" "깨닫다"는 understand입니다. 말씀을 듣고 이해하는 밭입니다. 그런데 마가복음에는 '말씀을 듣고 받아들인다'라는 표현으로 되어 있습니다. 들을 뿐 아니라 그것을 "accept"한다는 것입니다. 이 두 가지 표현이 상호보완적으로 우리의 이해를 돕습니다. 말씀을 듣습니다. 그리고 한편으로 그것을 인정하고 깨닫고 동의합니다. 옳다고 인정합니다. 다른 한편으로 그것을 내 것으로 삼습니다. 받아들이는 것입니다. 이것이 믿음입니다.

에베소서 1장 13절은 말합니다: "그 안에서 너희도 진리의 말씀 곧 너희의 구원의 복음을 듣고 그 안에서 또한 믿어 약속의 성령으로 인치심을 받았으니." 복음을 듣고 믿는 이 두단계를 말합니다. 복음을 듣고 믿어 그 안에서 약속의 성령으로 인치심을 받습니다. 요한복음 5장 25절은 말합니다: "진실로 진실로 너희에게 이르노니 죽은 자들이 하나님의 아들의 음성을 들을 때가 오나니 곧 이 때라 듣는 자는 살아나리라." 말씀을 죽은 자들이 듣습니다. 이 죽었다는 말은 영적으로 죽은 자들을 말합니다. 이 영적으로 죽은 자들이 말씀을 들을 때 그 말씀이 생명이 되어서 살립니다. 참으로 말씀을 듣고 깨달으면 그리고 그 말씀을 받아들이면 살아나는 것입니다. 저는 언제부턴가 제 설교의 이상과 목표를 요한복음 5장 25절로 삼게 되었습니다. 설교란 무엇인가? 또는 전도란 무엇인가? 복음을 선포한다는 것은 무슨 의미인가? 그것은 죽은 자들로 하여금 하나님의 아들의 음성을 듣게 하는 것이라고 생각합니다. 우리가 들으면 살아날 것입니다. 말씀은 생명입니다.

생명이 우리 안에 들어오면 반드시 그 말씀은, 살아 있는 씨앗은 싹을 내고 자라나고 열매를 맺습니다. 말씀이 맺는 열매란 무엇일까요? 말씀이 우리 안에 들어와서 우리의 인격과 삶에 일으키는 변화입니다. 그래서 이것은 또다른 성육신입니다. 말씀이신 예수님이 육신을 입고 이 세상에 오신 역사적인 성육신 사건이 있습니다. 그런데 우리에게도 이 성육신이 일어납니다. 하나님의 말씀이 우리 안에 들어옵니다. 우리가 믿음으로 그 말씀을 받아들입니다. 그래서 우리 안에 들어온 이 말씀이 '나'라는 존재를 변화시켜서 나의 인격과 삶으로 말씀이 드러나는데, 그것이 말씀의 열매입니다. 누군가의 표현처럼, 성경에서 막 튀어 나온 것 같은 사람이 됩니다. 여러분, 그런 사람 보셨습니까? 저는 많이 보지는 못했습니다. 그러나 무슨 말인지는 알겠습니다. 사고 방식이 성경적인 사람, 인격이 성경적인 사람, 삶의 모습이 성경적인 사람, 무슨 일을 하고 무슨 말을 하든지 그의 감정의 흐름, 생각의 흐름, 전 인격의 흐름이 성경적인 사람이 있습니다. 말씀이 그를 사로잡고 말씀이 그를 지배하고 있는 모습입니다. 그것이 말씀의 열매이고 말씀의 성육화입니다.

사실 이 네 가지 밭의 비유를 우리 중심의 관점이 아니라 하나님 중심의 관점에서 설명한다면 이렇게도 말할 수 있습니다: 하나님께서 말씀하십니다. 하나님이 하시는 말씀은 능력입니다. 그래서 창조를 일으킵니다. 또 하나님이 하시는 말씀은 죽은 자들을 살려서 생명을 줍니다. 새 창조의 능력을 일으킵니다. 하나님의 입에서 나오는 말씀이 전파되고 그 말씀이 퍼져 갑니다. 사람들이 말씀과 만납니다. 그러나 많은 사람들이 말씀을 받아들이지 않습니다. 길가이기 때문에 거부하거나, 돌밭이라서 표면적으로는 말씀을 받아들이는 것 같은데 조금만 어려움이 닥치면 말씀을 버리거나 자기가 가진 기존의 가치관, 세상의 염려, 재리의 유혹을 놓지 않으려고 하여 그 말씀이 아무 역할을 하지 못하게 만듭니다. 하지만 어떤 사람들은 말씀을 그대로 받아들입니다. 말씀을 믿음으로 붙잡습니다. 성령의 조명을 받아서 말씀을 깨닫고 말씀을 먹고 말씀이 변화시키고, 말씀을 통해 새롭게 열매를 맺는 삶과 인격으로 변화되는 사람들이 있습니다.

말씀의 관점에서 보면 하나님 나라의 운동은 말씀의 흐름입니다. 말씀이 퍼져 나가고 말씀이 변화시키고 말씀이 열매 맺는 것입니다. 이 말씀의 흐름에 여러분은 동참하고 계십니까? 믿음은 진공상태에서 일어나는 것이 아닙니다. 내가 스스로 내 안에서 자꾸 확신을 키우는 것, 적극적인 사고방식을 갖는 것, 신념의 강화, 이런 것이 믿음은 아닙니다. 그것은 세상적인 신념일지 모르지만 하나님을 아는 지식은 아닙니다. 성경적인 믿음은 언제나 말씀에서 출발합니다. 하나님이 말씀하셨습니다. 여러분, 이보다 더 놀라운 일이 있을 수 있습니까? 하나님이 말씀하셨습니다. 그 말씀이 이 세계를 여기에 존재하게 했습니다. 우리를 여기에 존재하게 했습니다. 그 창조의 말씀이 우리 안에서 새 창조를 일으킵니다. 하나님이 말씀하셨습니다. 그 말씀이 우리에게까지 와닿았고 오늘 우리가 들었고 그 말씀을 믿게 되었습니다. 이 말씀이 여러분 안에 있습니까? 여러분, 이 말씀을 꼭 붙잡으십시오. 그렇지 않으면 우리가 흘러 떠내려가게 됩니다. 말씀을 받아들이기에 방해가 되는 것들 여러분의 욕심, 여러분의 개인적인 성향, 여러분이 품고 있었던 상식, 사고방식 같은 것들이 방해가 된다면 벗어 버리십시오. 내려 놓으십시오. 하나님의 순전한 말씀을 받아들이십시오. 그 말씀을 통해 하나님을 만나십시오. 말씀을 먹고 말씀에 사로잡히십시오. 이 말씀이 우리를 변화시킵니다. 이 말씀이 죽은 우리를 살리고 강퍅한 우리를 부드럽게 온유하게 변화시키고, 메마른 우리의 심령을 풍성하게 은혜에 젖게 만들고, 무엇보다도 죽은 우리를 살려서 우리 안에 생명의 열매를 맺게 합니다. 하나님은 살아 계시고 말씀하시는 분입니다. 오늘 우리는 그분의 말씀을 들었습니다. 믿음으로 이 말씀을 받아들여 우리 인격과 삶의 변화라고 하는 풍성한 열매를 맺는 우리가 되기를 바랍니다.

2부
—
십
자
가

5장 | 인간의 죄

"모든 사람이 죄를 범하였으매 하나님의 영광에 이르지 못하더니"(롬 3:23).

지금까지 복음주의 신앙의 세 핵심요소 중에 첫 번째인 '계시'를 생각해 보았습니다. 여러분이 이 복음주의 신앙의 세 핵심요소를 마음속에 기억하시면 좋겠습니다. 첫 번째는 권위의 근거요 기준인 '하나님의 계시', 즉 성경입니다. 성부하나님의 계시로서의 성경입니다. 두 번째는 구원의 길인 십자가입니다. 세 번째는 그 구원을 실제로 우리가 체험할 수 있게 해주시는 성령님의 중생케 하시는 사역입니다. 성경, 십자가, 중생 이 세 가지가 복음주의 신앙의 세 핵심요소입니다. 그 중에서 지난 네 번에 걸쳐서 '계시'에 대해서 생각을 했습니다. 살아계시고 말씀하시는 하나님이 계시다는 것, 그것이 우리의 출발점입니다. 하나님은 살아계십니다. 그리고 침묵하지 않으시고 우리에게 말씀하셨습니다. 그 하나님의 말씀이 성경에 있습니다.

그래서 성경을 읽을 때 우리는 하나님의 음성을 들을 수 있습니다. 여러분, 이 신앙을 분명히 가지고 계십니까? 성경을 통해서 우리는 하나님의 음성을 들을 수 있습니다. 이 성경은 하나님의 말씀입니다. 만약에 가장 기본적인 이 점에서 동의할 수 없고 어긋난다면 뒤따라오는 모든 것에 우리는 근거를 찾을 수가 없을 것입니다. 그렇지만 성경이 하나님의 말씀이라는 어떤 객관적인 진리를 인정하는 것으로는 충분하지 않습니다. 그 말씀을 실제 깨달아야 합니다. 그래서 성령의 조명이 필요하고, 성령의 조명을 통하여 말씀을 받아들이는 것을 믿음이라고 합니다.

그렇게 성경을 통해서 하나님의 말씀을 듣는데, 그렇다면 성경 안에서 하나님은 우리에게 무슨 말씀을 하십니까?

율법과 복음

여러분은 성경에서 무엇을 발견하십니까? 여러 각도에서 대답을 할 수 있습니다. 저는 성경의 내용을 두 가지로 요약할 수 있다고 생각합니다. 하나는 율법이고 다른 하나는 복음입니다. 성경을 읽다보면 우리를 향하신 하나님의 뜻을, 하나님은 우리가 어떻게 살기를 원하시는지를 성경에서 읽을 수 있습니다. 그것을 '율법'(torah)이라고 합니다. 그런가 하면 우리의 실상을 밝혀 주면서 우리가 죄에 처한 존재임을 보여주고, 우리를 구원하기 위해서 하나님이 어떤 일을 행하셨는지를 성경은 보여줍니다. 이것이 복음입니다. 하나는 우리가 해야 할 것을 말하고, 하나님께서 우리를 위하여 행하신 어떤 일을 말합니다. 이것이 율법과 복음입니다.

그런데 성경을 읽을 때 거기에 율법도 있고 복음도 있는데, 이것을 잘못 이해하고 잘못 접근할 수 있습니다. 잘못 접근하면 율법만 보거나 복음만 봅니다. 성경을 읽을 때 율법만 보는 사람은 율법주의에 빠집니다. 성경은 또 하나의 도덕 교과서가 되고, 우리가 도저히 실천할 수 없고 온전히 지킬 수 없는 엄혹한 율법책이 됩니다. 그래서 율법으로만 성경을 보는 사람들이 있습니다. 심지어는 신약을 읽으면서도, 복음서를 읽으면서도 율법적으로 해석하는 그릇된 경향이 있습니다.

반면에 성경을 처음부터 끝까지 복음으로만 이해하려고 하는 경향도 있습니다. 이들의 눈에는 율법이 전혀 들어오지 않습니다. 그것은 다 지나갔으니 이제는 소용없고, 복음 안에서 모든 것이 다 끝나고 다 이루어진 것이라고 봅니다. 그러나 복음만 보면 값싼 은혜에 빠집니다. 복음만 보아서는 복음이 복음되지 않는 겁니다. 율법이 먼저 우리 죄의 실상을 밝히 보여줄 때 복음이 복음되는 것입니다. 그래서 복음, 복음 하면서 죄에 대한 깊은 통찰도 없고, 죄에 대한 깊은 자각도 없고, 거룩한 삶을 향한 갈망도 없고, 다만 이제는 다 끝났고 다 이루어졌고 다 해결됐다는 식으로 너무 쉽게 생각하는 경향이 있습니다.

그렇다면 어떻게 해야 올바른 접근이 될까요? 복음과 율법, 복음과 은혜 간에는 변증법적인 관계가 있음을 깨달아야 합니다. 율법과 복음 사이에는 긴장이 있습니다. 이 긴장을 풀어서는 안 됩니다. 계속 이 긴장을 유지하면서 복음이 우리를 율법으로 보내고 율법은 다시 우리를 복음으로 보내는 이 양방향의 반응이 모두 우리에게 필요한 것입니다. 성경을 읽을 때 우리는 먼저 율법을 만나게 됩니다. 하나님은 어떠한 분이시며 그분이 우리에게 어떤 삶을 요구하시는지를 보게 됩니다. 그런데 성경을 읽을 때 율법만 보면 우리는 율법의 정죄를 받게 됩니다. 도저히 그렇게 살 수 없다는 것을 인정하게 됩니다.

많은 사람들이 십계명을 쉽게 생각합니다. 일계명부터 사계명까지는 추상적입니다. 하나님만을 섬겨야 한다든지, 형상의 형태로 하나님을 예배하지 말라든지, 하나님의 이름을 함부로 부르지 말라든지, 아니면 안식일을 지키라든지 하는 것은 매우 추상적이기 때문에 우리가 쉽게 지킬 수 있는 것처럼 착각합니다. 오계명부터 나오는 부모를 공경하라, 살인하지 말라, 간음하지 말라, 도적질하지 말라, 거짓증거하지 말라 같은 것들은 어느 정도 지킨 것 같아 보입니다. 그만하면 부모님 잘 공경했고, 살인한 적도 없고, 간음하지도 않았고, 남에게 사기치거나 남의 것을 훔친 적도 없습니다. 거짓 증거하지도 않았습니다. 거짓말을 전혀 안한 것은 아니지만 남을 해할려고 법정에서 거짓증거한 적은 없었습니다. 그래서 성경을 깊이 읽지 않고 피상적으로만 읽으면 십계명이 별로 문제될 것이 없습니다. 그런데 마지막 열 번째 계명이 문제입니다. 바울은 이 열 번째 계명에서 넘어졌습니다. "탐내지 말라"는 명령입니다. 내 안을 들여다 보십시오. 내 속을 들여다 보십시오. 내 속에 탐심이 없습니까? 탐심을 없애려고 하면 할수록 더욱 탐심이 들끓습니다. 그래서 바울은 탐내지 말라는 계명이 내게 임했을 때 나는 죽고 죄는 살아났다고 고백합니다.

사실 예수님은 산상수훈에서 십계명의 본래의 취지를 더 밝히 설명하고 계십니다. 살인하지 말라는 하나님의 본래의 의도는 실제로 남을 죽이지 않는 것에서 그치는 것이 아니라 미워하지도 않는 것을 뜻합니다. 간음하지 말라는 하나님의 본 뜻은 음욕 자체, 음욕을 품고 이성을 바라보는 것 자체를 하지 말라는 뜻입니다. 다시 말하면 거룩한 존재가 되고, 이웃을 사랑하라는 뜻입니다. 그래서 우리가 율법을 참으로 깨닫게 되면 우리는 정죄를 받게 됩니다. "오호라 나는 곤고한 자로다."라는 고백을 할 수밖에 없습니다. 그럴 때 복음이 복음 됩니다. 하나님은 우리를 긍휼히 여기셨습니다. 하나님은 우리를 죄와 사망에 처한 상태에 그냥 버려 두지 않으셨습니다. 하나님이 어떤 일을 하셨습니다. 이것이 복음입니다.

우리에게 무엇을 하라고 요구하시는 것은 율법입니다. 그런데 하나님께서는 그렇게 하지 못한 우리를 위해서 무언가를 하셨습니다. 역사적으로 또한 객관적으로 하나님이 우리를 구원하셨습니다. 그 방법이 십자가이고 그것이 복음입니다. 그래서 우리는 감격적으로 복음을 받아들일 수 있게 되었습니다. 하나님이 값없이 베푸시는 구원을 받았습니다. 그렇게 구원받은 사람은 새롭게 하나님의 뜻대로 살고 싶은 열망에 사로잡히게 됩니다. 그래서 복음은 우리를 다시 율법으로 돌아가게 합니다. 구원을 받기 위해서 돌아가 율법을 지키는 것이 아니라 구원받았기 때문에 하나님 뜻대로 살기 위해 율법으로 돌아가는 것입니다. 그러나 구원받은 이후에는 우리 힘으로 율법을 지킬 수 있게 되었다는 뜻은 아닙니다. 그것이 로마서 7장이 말하는 바입니다. 우리는 하나님의 뜻대로 살고 싶은 열망을 가지고 살지만 항상 하나님 뜻대로 순종하지 못하는 우리 자신을 발견하게 됩니다. 그러면서 계속해서 복음이 복음되는 것입니다. 다시 십자가를 붙잡고 주님의 은혜를 의지하게 되는데, 이것이 복음과 율법 사이의 변증법적인 관계입니다. 이것이 성경에 대한 올바른 접근이고, 바른 신앙의 태도입니다. 한쪽에서는 율법에 짓눌려 사는 율법주의, 바리새주의가 있습니다. 그들은 성경을 다만 하라, 하지 말라는 두 명령으로 축소시켜 버립니다. 담배 피면 안돼, 술마시면 안돼, 주일엔 외식하면 안돼 같은 명령에 급급하는 삶이 되어 버립니다. 그런가 하면 다른 반대쪽은 "복음 안에서 자유다! 은혜로 구원받았으니 행위는 그렇게 중요하지 않아. 천국행 티켓을 따놓은 거야"라고 하면서 자기 마음대로 삽니다. 세상

사람과 전혀 다르지 않게 살면서도 구원의 확신은 있다고 말합니다. 이 둘 모두 얼마나 잘못된 신앙생활인지 모릅니다. 그래서 복음과 율법이라는 성경의 두 가르침을 다 붙들어야 합니다. 그러면서도 궁극적으로는 복음적인 삶을 살아야 합니다.

십자가 중심성

오늘부터 몇 주 동안 복음주의 신앙의 두 번째 요소인 구원문제와 복음의 핵심이라고 말할 수 있는 십자가에 대해서 생각해 보려고 합니다. 십자가는 구원에 이르는 유일한 길입니다. 십자가가 기독교 신앙의 중심입니다. 기독교를 표현하는 대표적인 상징물은 무엇입니까? 우선 떠오르는 것은 물고기입니다. 헬라어 '예수 그리스도 하나님의 아들 구세주'라는 헬라어의 첫머리글자를 따면 헬라어 '익투스'인데 영어로 하면 'fish'가 됩니다. 그래서 초대교회 신도들은 물고기 그림으로 자신들의 신앙을 고백했고 신자들 간에 비밀 암호로 사용했습니다. 그런가 하면 비둘기를 상징으로 쓰기도 합니다. 비둘기를 보면 무엇을 떠올리게 됩니까? 성령님입니다. 그런데 그 비둘기는 항상 내려오는 모습으로 묘사됩니다. 성령이 우리 위에 임하시는 모습을 묘사하기 때문입니다. 그런데 비둘기도 있고 물고기도 있지만 십자가만큼 많이 사용되지는 않습니다. 십자가가 압도적으로 가장 많이 사용되는 기독교의 상징입니다. 어디서나 십자가를 볼 수 있지 않습니까?

그런데 그 십자가에 대해서 많은 사람들이 오해를 하고 있습니다. 십자가에 대한 첫 번째 오해는 십자가를 그냥 장식품으로 생각하는 것입니다. 멋있다고 생각합니다. 그래서 십자가 목걸이를 금으로 화려하게 보석을 붙여서 달고 다닙니다. 그런가 하면 부적으로 여기기도 합니다. 십자가를 목에 걸고 다니면 신령한 신통력이 있어서 나를 보호해 줄 것으로 기대합니다. 괴기영화를 보면 주로 가톨릭 신부들이 십자가를 높이 처들고 마귀와 싸웁니다. 마귀가 십자가 상을 보면 부들부들 떨기라도 할 것처럼 여기는 것은 미신적인 사고입니다. 십자가는 부적이 아닙니다. 십자가는 목에 걸고 다니는 정도가 아니라 등에 지고 다닌다고 해도 교통사고를 당할 수 있고 나쁜 일을 겪을 수 있습니다. 십자가는 장식도 아니고 부적도 아닙니다.

어떤 사람은 십자가를 볼 때, 이것은 정말 안타까운 비극이라고 생각합니다. 예수님은 십자가 처형을 당해서는 안 될 의인인데 억울하게 당했다는 것입니다. 그렇게 따진다면 소크라테스의 죽음과 예수님의 죽음은 그 유형면에서 비슷합니다. 죄가 없는데 억울한 형벌을 당했기 때문입니다. 물론 예수님이 죄가 없고 억울한 형벌을 당한 것은 맞지만 그것만이 전부라고 여긴다면 십자가를 오해한 것입니다. 어떤 사람들은 십자가를 하나님의 사랑을 증거하는 위대한 모범으로 제시합니다. 거기에 어떤 구속적인 능력을 부여하지 않고 단순히 하나님의 사랑을 잘 보여준 위대한 모범 정도라고만 설명합니다. 그렇게 모범론을 주장하는 사람들은 우리도 남을 위해 희생적인 삶을 살아야 한다는 점을 강조합니다. 물론 십자가에는 그런 측면이 있습니다. 그러나 그것 역시 십자가의 본질을 확실히 이해한 것은 아닙니다.

십자가를 바로 이해하는 길은 그것이 주님께서 우리의 구원을 위한 희생임을 기억하는 것입니다. 십자가는 희생의 죽음이고 대속의 죽음입니다. 그러면서 한 가지 덧붙이고 싶습니다. 여기까지 깨달은 사람들이 있습니다. 십자가는 우리 구원을 위한, 우리의 속죄를 위한 그리스도의 희생의 죽음입니다. 동시에 이제는 우리가 져야 할 십자가도 있습니다. 그래서 그리스도의 십자가를 믿으면서 이제는 나도 우리도 자기 십자가를 지고 따라야 한다는 것입니다.

왜 십자가가 필요합니까? 그냥 우리를 용서하시면 안 됩니까? 없던 것으로 하고 무효화시키면 안됩니까? 안 됩니다. 거룩하신 하나님은 죄를 혐오하십니다. 죄를 용납할 수 없습니다. 그리고 죄에 대해서 반드시 심판하셔야 합니다. 그래서 십자가를 바라볼 때 우리는 하나님의 거룩하심과 하나님의 공의와 우리 죄의 심각성을 깨닫게 됩니다. 동시에 십자가를 바라볼 때 우리는 하나님의 사랑을 깨닫게 됩니다. 그래서 하나님께서 우리가 받아야 마땅할 형벌을 당신의 아들 위에 쏟아 부으신 것입니다. 우리를 사랑하셨기 때문입니다. 그래서 십자가를 바라볼 때 우리는 하나님의 사랑을 볼 수 있어야 합니다.

십자가를 바로 깨달으면 우리의 삶은 혁명적으로 바뀔 것입니다. 누군가가 나를 위해서 엄청난 희생을 치루었다는 사실을 깨닫게 되면, 우리의 생각이 달라지고 우리의 삶이 달라지고 우리의 자세가 달라지지 않겠습니까? 우리는 누군가 나를 희생적으로 돕고자 했을 때 큰 감동을 받습니다. 그리고 그 은혜를 갚고자 애를 씁니다. 그 은혜를 모르는 자들을 짐승보다 못하다고 여깁니다. 배은망덕한 사람은 사람이 아니라고 생각합니다. 그러나 우리가 서로 주고받을 수 있는 은혜와 비교할 수 없는 엄청난 은혜를 하나님은 십자가를 통해서 주셨습니다. 우리가 십자가를 깨닫는다면 우리가 근본적으로 바뀌지 않을 수 없는 것입니다.

우리는 나름대로 십자가를 잘 안다고 생각합니다. 그런데도 하나님의 사랑은 잘 모릅니다. 그러면서도 하나님의 거룩하심과 의로우심은 잘 모릅니다. 십자가를 믿는다고 하면서도 죄의 심각성을 잘 모릅니다. 십자가를 바라보아야 합니다. 오늘 본문 로마서 3장 23절은 왜 십자가가 필요한지를 말해주고, 십자가를 바라볼 때 우리가 깨닫는 여러 진리들 중에 특별히 죄의 문제를 다루고 있습니다. 십자가를 바르게 대하려면 실존적으로 우리 자신이 죄인이라는 것을 깨닫는 데서부터 시작해야 합니다. 십자가를 이해하는 첫걸음은 나의 죄를 깨닫는 것입니다.

모든 사람은 죄인이다

이방인의 죄
바울은 로마서 1장 18절부터 3장 20절까지 온 인류의 죄에 대해서 강론을 해 왔습니다. 1장에서는 이방인들의 죄를 주로 다루었습니다. 이방인들도 하나님이 만드신 자연 만물을 통해서 하나님의 보이지 않는 것들, 그 분의 영원하신 신성과 능력을 분명히 볼 수 있습니다. 그래서 핑계할 수 없다고 하십니다. 그렇지만 사람들은 하나님을 알고 있음에도 불구하고 하나님께 감사하지도 않고 하나님께 영광을 돌리지도 않았습니다. 그 결과 점점 더 타락해서 하나님을 모르게 되었습니다. 처음에는 알았는데 나중에는 하나님을 부인하고 하나님을 모르게 되고 우상을 섬기게 되고, 그 결과 온갖 더러운 죄에 빠져 방탕한 삶을 살게 된다고 로마서 1장 후반부에서 말합니다.

도덕군자의 죄

그런가 하면 2장 전반부는 도덕군자에 대해서 말합니다. 바울이 이방인의 죄를 신랄하게 비판하면 반드시 반박이 있을 것을 예상합니다. 다 그런 것은 아니라고 반박하는 이들이 있습니다. 그들은 나는 당신이 말하는 도덕적인 삶을 기꺼이 동의하고 또 그렇게 살기를 원한다고 반박합니다. 1세기의 로마에는 스토아 철학이라는 것이 크게 유행했습니다. 스토아 철학자들의 글을 읽어 보면 동양의 유교와 아주 비슷합니다. 도덕적인 가르침이 많이 있습니다. 그래서 로마 네로 황제의 멘토인 철학자 세네카의 글을 읽어 보면 매우 도덕적이고 고결한 삶을 논하고 있습니다. 그들은 이렇게 반박합니다: "나도 당신이 말하는 것에 동의한다. 인간들은 너무 타락했고, 너무 무질서하고 너무 방탕하게 살고 있다." 그런데 바울은 그렇게 말하는 당신도 예외가 아니라고 말합니다. 남을 판단하는 사람들, 남을 정죄하는 사람들, 그럼으로써 자기 자신들은 더 고상하고 도덕적이라고 생각하는 사람들도 그들이 비판하는 그 사람과 똑같다는 것입니다. 남을 판단하지만 자신들도 같은 일을 행하고 있다고 지적합니다.

제 자신을 놓고 보면 절대로 이 말을 부인할 수 없습니다. 얼마나 남을 잘 판단하는지 모릅니다. 얼마나 높고 고상한 기준을 가지고 도덕을 외치고 바른 삶을 주장하는지 모릅니다. 그런 나에게 누군가 묻습니다. 그러면 당신은 그렇게 가르치는 대로 사십니까? 당신이 옳다고 주장하는 대로 매일매일 살고 계십니까? 그 말에 움찔하지 않을 수 없습니다. 내가 옳다 하는 그것으로 나 자신을 정죄하는 것을 느낍니다. 도덕 군자들도 예외가 아닙니다. 올바르고 고상한 삶을 외치는 것 자체가 중요하지는 않습니다. 그렇게 사느냐가 중요합니다.

유대인의 죄

도덕군자를 말한다면 대표적으로 유대인들입니다. 유대인들은 늘 입만 열면 율법을 자랑합니다. 그런데 바울은 그런 유대인들도 마찬가지로 죄인이라고 말합니다. 율법을 가졌지만 지키지 않는다는 것입니다. 율법을 가진 것이 중요한 것이 아니고 행하는 것이 중요하고, 할례를 받았더라도 율법을 안 지키면 아무 소용이 없다고 말합니다. 표면적 유대인, 즉 겉으로만 유대인인 사람은 진정한 유대인이 아니고, 속에서부터 참으로 하나님의 뜻대로 사는 자가 진정한 유대인이기 때문입니다.

온 인류의 죄

이렇게 말한 후에 로마서 3장 9절 이하에서는 이제 온 인류가 죄아래 있다고 선언합니다.

"그러면 어떠하뇨 우리는 나으뇨 결코 아니라 유대인이나 헬라인이나 다 죄 아래 있다고 우리가 이미 선언하였느니라 기록한 바 의인은 없나니 하나도 없으며 깨닫는 자도 없고 하나님을 찾는 자도 없고 다 치우쳐 한 가지로 무익하게 되고 선을 행하는 자는 없나니 하나도 없도다. 저희 목구멍은 열린 무덤이요. 그 혀로는 속임을 베풀며 그 입술에는 독사의 독이 있고 그 입에는 저주와 악독이 가득하고 그 발은 피흘리는데 빠른지라 파멸과 고생이 그 길에 있어 평강의 길을 알지 못하였고 저희 눈 앞에 하나님을 두려워함이 없느니라함과 같으니라. 우리가 알거니와 무릇 율법이 말하는 바는 율법 아래 있는 자들에게 말하는 것이니 이는 모든 입을 막고 온 세상으로 하나님의 심판 아래 있게 하려 함이니라"(롬 3:9-19).

지금 제가 성경에서 가장 중요한 몇몇 본문 중에 하나를 읽어 드렸습니다. 여러분, 이 본문을 읽은 기억이 있습니까? 그래 나도 그 본문을 몇 차례 읽었지. 나는 그 본문을 잘 알고 있어. 여러분 그렇게 말씀하실 수 있습니까? 이 본문을 읽을 때 쇼킹하지 않았습니까? 충격을 받지 않았습니까? 도대체 이것이 말이 되는 이야기인가 하고 혹시 이런 반발감이 생기지 않았습니까? 성경이 훌륭하고 고상한 책이라고 생각하는 사람 중에도 이런 내용이 성경에 있다는 사실을 모르는 사람들이 매우 많습니다. 1800년대 거의 말에, 그러니까 20세기가 시작하기 몇 년 전에 시카고에서 세계종교박람회가 열렸습니다. 세계의 여러 종교 대표들이 모두 모였습니다. 그 때 힌두교의 구루(guru) 한 분이 참석했습니다. 그 분이 이런 이야기를 했습니다. "모든 인간은 선합니다. 인간이 죄인이라고 말하는 것처럼 인간에게 모독적인 말은 없습니다. 인간은 선합니다." 그런데 그 말은 힌두교만 하는 것이 아니라 거의 대부분의 사람들의 생각을 반영한 말입니다. 불교의 스님들이 쓴 책들을 읽어 보면 그런 내용이 나옵니다. 우리는 구원받아야 할 존재들이 아니라 이미 구원받은 존재들이라고 합니다. 그래서 우리에게 필요한 것은 구원받았다는 것을 깨닫는 것이라고 말합니다. 인간은 본래 선하다고 말합니다.

그런데 성경은 그렇게 말하지 않습니다. 인간이 본래 선하다면 우리가 지금 보고 있는 모든 끔찍한 전쟁과 서로 죽이고 죽는 살상과 서로 속고 속이는 모든 사회 부패상과 끔찍한 모습들은 어떻게 설명할 수 있습니까? 사람들은 인간은 본래 선한데 사회가 악하게 만든 것이라고 주장합니다. 여러분, 그 사회는 누가 구성합니까? 모두가 선하다면 어떻게 사회가 악할 수 있습니까? 사회가 악하고 인간은 선하다는 말은 모순입니다. 인간이 악하기 때문에 사회가 악해지는 것입니다. 물론 인간이 처음부터 끝까지 흉측한 것만은 아닙니다. 그럼에도 불구하고 인간의 가장 깊은 품성 중심에는 죄가 있다고 성경은 말합니다. 이 본문을 중심으로 성경이 말하는 죄에 대한 세 가지 진리를 생각해 보겠습니다.

죄에 대한 세 가지 진리

죄의 보편성

첫 번째는 죄의 보편성입니다. 죄는 일부 사람들만 짓는 것이 아니고, 그래서 몇몇 사람들만의 문제가 아니라는 뜻입니다. 여기 보면 '모든 사람', '다'라는 표현이 여러 번 나옵니다. 이것을 뒤집어서 부정적으로 '하나도 없다'(No One), '모두가 다 죄인이고 의로운 자는 하나도 없다', '선을 행하는 자도 없다,' '하나님을 찾는 자도 없다,' '다함께 무익하게 되고 다함께 죄의 길로 갔다' 같은 표현이 자주 나옵니다. 이것은 재론의 여지가 없이 모든 인류를 가리키는 표현입니다. 여기에는 예외가 없다는 것입니다. "유대인이나 헬라인이나." 바울은 심지어 이렇게 말합니다.

> "그러면 어떠하뇨. 우리는 나으뇨. 바울이 여기서 우리는 이라고 말하는 것은 유대인을 말하는 것이지만 자신을 포함해서 말하는 것입니다. 우리는 나은가? 결코 아니라. 유대인이나 헬라인이나 다 죄아래 있다고 우리가 이미 선언하였느니라"(롬 3:9).

여러분 중에 나는 예외라고 말씀하실 수 있는 분 있습니까? 없을 것입니다.

그렇지만 이 세상의 어디에 단 몇 사람이라도 예외가 있지 않을까요? 그렇지 않습니다. 현대 인도인들은 간디를 신격화합니다. 그러나 간디의 자서전을 읽어 보십시오. 간디 자신이 스스로 죄인이라고 고백합니다. 나의 죄로 인하여 나의 태양이신 그 분으로부터 나는 멀리 떨어져 있다고 그는 고백합니다. 모든 사람이 죄인입니다. 예외가 없습니다.

그런데 죄의 보편성을 말하면 추상적으로 생각하는 경향이 있습니다. 시험을 못봐도 반학생들 모두가 못보면 안심이 되지요? 시험을 못보고 나왔는데 우리 반 일등도 망쳤다는 말을 들으면 안심이 됩니다. 선생님이 점수를 발표하는데 100점 만점에 반평균은 20점, 최고점수 25점이라고 하면, 내가 18점 맞은 것이 괜찮아 보이는 겁니다. 하지만 그것은 죄를 깨달은 것이 아닙니다. 내가 죄인이라는 것을 깨닫는 것이 중요합니다. 나도 예외가 아니었구나, 내가 죄인이었구나, 지금 나에 대해서 말하고 있구나, 라는 사실을 알아야 합니다.

전적타락설

두 번째는 전적타락입니다. 영어로는 "Total Depravity"라고 합니다. 칼빈주의에서 이 교리를 주장하는데, 그 내용은 종종 오해가 됩니다. 전적타락을 마치 인간이 그 이상 악해질 것이 없을 만큼 악해졌다는 말로 이해합니다. 그래서 반발합니다. "히틀러 같은 사람도 있고, 스탈린 같은 사람도 있다는 것은 맞다. 그렇지만 간디도 있고 마더 테레사도 있지 않은가?" 어떻게 히틀러와 간디를 동일 선상에 놓고 말할 수 있겠습니까? 어떻게 스탈린과 마더 테레사를 같다고 말할 수 있겠습니까? 그런데 전적타락이란 그런 뜻이 아닙니다. 타락의 정도를 말하는 것이 아닙니다. 얼마나 타락했느냐 하는 타락의 정도를 말하는 것이 아니고 타락의 범위를 말하는 교리입니다. 한 인간의 전인격에 죄의 부패성이 스며들어 있다는 뜻입니다. 뒤집어 말하면 아무도 하나님이 원하시는 기준에 도달하지 못했다는 뜻입니다.

우리가 만일 롱비치 앞바다에서 헤엄을 쳐서 태평양을 건너 한국까지 헤엄쳐서 가자고 결심하고 출발한다면 몇 미터 못 가서 가라앉는 사람이 많은 것입니다. 올림픽 8관왕을 차지한 펠프스 같은 선수라면 수십 마일은 갈 것 같습니다. 하지만 태평양 지도를 펴놓고 한번 보십시오. 그 수십 마일을 지도에 단 1mm로라도 표현할 수 있는가 말입니다. 전적타락이라는 말은 그런 뜻입니다. 하나님이 요구하시는 영광의 기준에 아무도 미칠 수 없다는 것입니다. 몇 미터 못가서 빠져 죽는 것이나 몇십 마일 가서 빠져 죽는 것이나 마찬가지입니다. 둘 다 태평양을 못 건넌다는 사실은 같습니다. 여기 보면 "깨닫는 자도 없다"고 바울은 말합니다. 우리의 지각에 문제가 있는 것입니다. 사실 스스로 자기가 죄인이라는 것을 깨닫지 못합니다. 또 "하나님을 찾는 자도 없다"고 합니다. 인간의 삶의 기본 방향이 다 비뚤어져 있다는 뜻입니다.

"저희의 입은 열린 무덤이요." 입술에는 악독을 베풀고 말로는 죄를 짓습니다. "저희의 발은 피 흘리는 데 빠른지라", "파멸과 고생이 그 길 위에 있다"는 것은 우리의 행동을 나타냅니다. 우리의 언어, 우리의 행동, 우리의 지각, 우리의 삶의 방향을 모두 고려할 때 하나님을 찾는 자가 없고 다 무익하게 치우쳐졌고 선을 행하는 자는 한 사람도 없다고 말합니다. 우리의 성향을 영어로는 "disposition"이라고 합니다. 우리 마음의 어떤 기본적인 상태가 비뚤어져 있습니다. 그래서 전인격이 내 생각과 감정과 의지와 내마음의 소원, 이 모든 것이 죄의 영향아래 있습니다. 어디를 잘라 봐도 죄가 없는 곳이 없습니다. 이것이 전적타락이 의미하는 바입니다.

여러분은 여태 살아오면서 단 한 가지 행동이라도 완벽하게 선이 되게 한 적이 있다고 말할 수 있습니까? 몇 가지 잘한 것은 생각이 납니다. 어렸을 때 만두가게에 가서 100원에 만두 다섯 개를 샀습니다. 그 때 거지 할아버지가 들어오셨습니다. 20원을 내밀면서 만두 하나를 달라는데 주인이 돈을 안받고 만두 하나를 쥐어 주면서 등을 떠밀며 빨리 나가라고 쫓아냈습니다. 지저분한 사람이 오면 손님들이 밥맛 떨어진다고 나갈 것이니 그랬을 겁니다. 그 순간에 내 마음에 짠한 생각이 들었습니다. 그래서 그 할아버지를 쫓아가서는 제가 산 만두를 그분 손에 쥐어 드리면서 "할아버지 드세요"라고 말하고는 뒤도 돌아보지 않고 도망치듯 떠난 적이 있습니다. 그 행동 만큼은 일점의 악도 없는 완벽한 선이었을까요? 잘 생각해 보니 그렇지도 않았습니다. 내가 착한 행동을 했다고 말할 때, 그 행동을 분석하면 오류가 더 많습니다. 내 동기, 자랑하는 마음, 그 속에 담겨있는 사고방식들, 남이 알아주지 않으면 섭섭한 마음들이 우리 안에 있습니다. 우리 마음을 스치고 간 감정 중에 자기가 빠진 순전한 사랑의 감정이 있었습니까? 우리의 생각, 우리의 행동, 우리의 감정, 우리의 소원, 우리의 의지, 즉 우리의 전인격에 죄가 스며들어 있다는 사실을 느끼지 않습니까? 마음속 순수한 동기로 주님을 사랑하고 싶다는 생각을 해도 그렇게 사랑할 수 없는 죄인이라는 것을 백번 더 깨닫게 되는 것입니다.

기준은 하나님의 영광입니다. 하나님의 영광이 기준이라고 하면 너무 막연합니다. 그래서 예수님이 기준이라고 하면 됩니다. 하나님의 영광을 누가 보여 주었습니까? 예수님입니다. 예수님을 보면 하나님이 어떤 분이신지를 알 수 있습니다. 그래서 예수님이 기준이 되는 것입니다. 예수님과 다른 것은 모두 죄입니다. 예수님처럼 행하지 않았으면 모두 죄입니다. 예수님은 마음과 뜻과 정성을 다해서 하나님을 사랑하셨습니다. 예수님은 이웃을 사랑하셨습니다. 그래서 그분이 한 모든 행동이 하나님께 대한 순종이요 이웃에 대한 사랑이었습니다. 그분과 비교해 볼 때 우리는 어떻습니까? 어떻게 사람에게 그런 수준을 요구할 수 있느냐고 반발할 분이 있을 것입니다. 그렇다면 하나님이 우리에게 주시는 구원은 무엇일까요? 우리를 완벽한 하나님의 영광의 수준으로 회복시키지 않고 그냥 적당히 살아도 괜찮은 정도로 구원하셨을까요? 하나님은 우리에게 한 가지를 원하십니다. 그것은 하나님 자신의 수준입니다. "하늘에 계신 너희 아버지께서 온전하신 것 같이 너희도 온전하라." 하나님은 그것을 요구하시는데 그것을 지키지 못한 인간들은 늘 죄인입니다. 그러나 우리를 구원하시고 회복하실 때 우리를 바로 그 모습으로 변화시켜 주실 것을 우리는 소망합니다.

죄의 결과 – 심판과 사망

셋째, 전적으로 타락한 인간은 죄의 결과를 맞이하게 됩니다. 죄의 결과는 심판입니다. "우리가 알거니와 무릇 율법이 말하는 바는 율법 아래 있는 자들에게 말하는 것이니 이는 모든 입을 막고 온세상으로 하나님의 심판아래 있게하려 함이니라." 우리가 죄인입니다. 그래서 어쨌다는 것입니까? 우리가 다 죄인이라는 사실로 끝나지 않습니다. 죄에는 반드시 심판이 따릅니다. 지금 온 세상은 율법 아래에서 하나님의 심판아래 있습니다. 죄가 하나님의 심판을 가져왔습니다. 죄에 대한 하나님의 심판은 죽음입니다. 로마서 6

장 23절에 "죄의 삯은 사망"이라고 분명히 말합니다. 이 사망은 이중적인 의미를 가집니다.

첫 번째는 육체의 죽음입니다. 죄가 세상에 들어왔기 때문에 인간이 육체적으로 죽게 된 것입니다. 그러나 우리는 육체적으로 죽을 뿐 아니라 죽은 후에 하나님의 심판대 아래 서게 될 것이고 그 심판대 앞에서 우리 죄의 문제가 해결되지 않는 한 영원한 죽음을 맞게 될 것입니다. 계시록은 이 영원한 죽음을 둘째 사망이라고 말합니다. "한 번 죽는 것은 사람에게 정한 것이요. 그 후에는 심판이 있으리니." 죄의 문제를 해결하지 않으면 우리는 심판의 문제를 맞이하게 됩니다. 그리고 죄의 문제를 해결하지 않으면 심판의 결과 영원한 죽음을 맞게 됩니다.

우리에게 왜 십자가가 필요합니까? 바로 우리 자신의 죄의 문제 때문에 필요합니다. 그 죄의 결과가 심판이기 때문에 필요합니다. 자꾸 죄에 대해서 말하면 사람들은 왜 그렇게 부정적이냐고 말합니다. 만약에 죄를 이야기하고 거기서 그친다면 그렇게 말할 수 있습니다. 죄만 말하면 우리를 절망하게 할 것입니다. 그것은 우리를 피할 길 없는 막다른 절벽 앞에 세우기 때문입니다. 그러나 죄가 최후의 한 마디가 아닙니다. 이 죄로부터 벗어날 수 있는 길이 있고 죄로부터 구원받을 수 있는 길이 있다고 성경은 말합니다. 그것이 십자가입니다. 십자가를 말하려면 우리가 죄인이라는 사실에서부터 출발해야 합니다. 늘 아파서 병원에 갔더니 아무 병도 없다고 합니다. 그렇게 좋은 게 아니라 불안해집니다. 여전히 아픕니다. 실제로 죄의 증상을 매일 매일 겪고 있습니다. 그런데 어느 날 다른 병원에 갔더니 병명을 말해줍니다. 이럴 때 오히려 기쁘지 않습니까? 고칠 길이 생겼기 때문입니다. 그래서 내가 죄인이라는 것이 기쁜 것입니다. 해결책까지 있다고 하니 더욱 기쁜 것입니다.

6장 | 하나님의 진노

"하나님의 진노가 불의로 진리를 막는 사람들의 모든 경건치 않음과 불의에 대하여 하늘로 좇아 나타나나니"(롬 1:8).

"이 예수를 하나님이 그의 피로 인하여 믿음으로 말미암는 화목 제물로 세우셨으니 이는 하나님께서 길이 참으시는 중에 전에 지은 죄를 간과하심으로 자기의 의로우심을 나타내려 하심이니 곧 이 때에 자기의 의로우심을 나타내사 자기도 의로우시며 또한 예수 믿는 자를 의롭다 하려 하심이니라"(롬 3:25-26).

욥기의 교훈

여러분은 성경에서 어떤 책을 가장 좋아하시는지요? 저는 로마서를 택하겠습니다. 예수님은 신명기를 좋아하셨던 것 같습니다. 광야에서 사탄에게 시험을 받으실 때 세 번이나 신명기를 인용하여 물리치셨습니다. 많은 사람들이 시편과 잠언을 좋아합니다. 로마서 못지않게 좋아하는 책이 욥기입니다. 저도 좀 어려움을 많이 겪었는데, 그 힘든 순간에 욥기를 통해서 주께서 저에게 많은 위로와 깨달음을 주셨습니다. 욥기는 대부분 욥과 세 친구들의 대화로 이루어져 있는데, 그 대화에서 저는 많은 감동을 받습니다. 욥의 친구들의 말은 그럴듯하게 들리는데, 맨 마지막에 가서 하나님은 욥의 친구들의 말이 틀렸다고 하시고, 욥은 불평도 많고 투정도 많고 억지를 부리는 것 같은데 오히려 더 의롭다고 말씀하시고 있습니다. 여러분, 그 장면을 생각해 보십시오. 연세가 아주 많은 네 노인네가 있습니다. 욥도 노인이고 친구들도 모두 나이가 많습니다. 욥은 지금 재 가운데 앉아 있습니다. 그리고 욥의 친구들도 마찬가지로 재 가운데 앉아 있습니다. 욥을 위로하기 위해서 왔기 때문입니다. 그들이 재 가운데 앉아서 깊은 시름과 탄식 끝에 입을 열어 대화를 나누는 것입니다. 그 대화는 신학 토론입니다. 욥이 당한 고난의 이유가 무엇인가에 대해서 이야기하는데 결국은 하나님은 어떤 분이신지에 관해 이야기하는 것입니다. 친구들의 하나님은 절대 의인을 벌주시는 분이 아니고 악인을 벌주시는 분이었습니다. 욥이 고난을 받는 것은 그가 하나님 앞에서 죄를 범했기 때문이라는 것이 친구들의 입장입니다.

반면에 욥은 하나님께 대한 그 정도의 지식은 자기도 알고 있다고 반박합니다. 하지만 그것은 현재 자신의 상황을 해석해 주지 못하는 피상적인 지식에 머문다고 보았습니다. 하나님께서 고난을 주실 때에 죄 말고도 다른 이유가 있을 것이라고 보았습니다. 그래서 욥은 하나님에 대해서 나름대로의 견해를 펼쳐갑니다. 저는 현대 그리스도인들도 인생 문제를 놓고 비슷한 장면을 연출할 수 있다고 생각합니다. 어떤 어려움이 닥쳤을 때 식탁에 둘러앉아서 왜 이런 일이 일어나는 것인지 이야기를 할 수 있지 않습니까? 그 대화 속에 우리 신앙의 관점이 드러납니다. 내가 얼마나 하나님에 대해 깊이 알고 있고 제대로 알고 있는지가 드러납니다.

십자가의 중요성

죄의 실상

내가 이 이야기로 설교를 시작하는 이유는 우리가 지금 죄에 대해서 십자가에 대해서 생각해 보고 있는데, 죄와 십자가의 문제를 바로 이해하려면 하나님을 바로 알아야 하기 때문입니다. 사람들이 죄를 잘 이해하지 못하고 십자가를 잘 이해하지 못하는 이유는 하나님을 몰라서 입니다. 인간이 죄인이라는 진리는 기독교와 성경의 핵심 교리입니다. 인간은 죄인이라고 선언하는 진리를 기독교에서 빼어 버린다면 기독교는 무너집니다. 이것은 기독교를 세우고 지탱하는 가장 근본적인 기둥 중 하나입니다. 하지만 요즘에는 이 죄에 대한 가르침이나 죄의 교리는 인기가 없습니다. 로버트 슐러 목사의 '적극적인 사고방식(possibility thinking)'에서는 죄에 대해서 절대 말하지 않습니다. 그래서 사람들이 "왜 목사님은 죄에 대해서 말씀하지 않습니까?"라고 물었습니다. 그러자 그는 "사람들은 여러 가지 일로 이미 피곤하고 상심해 있습니다. 그런데 왜 거기에 죄 이야기를 해서 더 마음을 무겁게 하고 힘들게 합니까?"라고 대답합니다. 요즘 한창 인기를 끌고 있는 조엘 오스틴 목사도 마찬가지입니다. 절대 죄의 이야기를 하지 않습니다. 죄의 이야기를 하지 않는 것이 과연 사람들에 대한 봉사가 될까요? 사람들에 대한 배려이고 따뜻한 마음의 표현이라고 할 수 있을까요?

의사가 환자를 진단할 때 정확히 그 문제를 밝혀야 합니다. 병명을 정확히 말하면 너무 큰 충격을 받을 테니 그냥 잊어버리시라고 말하면 안 됩니다. 당신의 병에 대해서 자세히 알려고 하지 말라고 하는 의사는 없습니다. 그런 말을 들어도 괜찮은 환자가 있을까요? 우리는 죄의 문제를 결코 피해 갈 수 없습니다. 죄의 문제를 빼버리면 복음은 복음이 되지 않습니다. 하나님이 우리를 죄로부터 건지시고 구원해 주신다는 것이 성경이 말하는 복음인데, 죄의 문제를 외면하면 복음은 변질되고 값싸고 왜곡된 가짜가 됩니다. 그러면 세상에서 마음의 평화를 얻고 적극적으로 살고 긍정적으로 살면 하나님께서 당신의 원하는 소원을 이룰 수 있게 해주신다고 믿는 그야말로 가짜 '대중적 심리요법(pop psychology)'에 지나지 않게 되는 것입니다.

"좋습니다. 죄의 문제는 우리가 중요하다고 인정합시다. 그래서 죄의 문제를 인정합니다." 그런데 많은 현대인들은 그 다음에는 이렇게 반응을 합니다: "so what?" 그래 인간은 죄인이고, 나도 죄인이고, 완벽하게 사는 사람은 하나도 없습니다. 다 실수하고 넘어집니다. 그래서 어쨌다는 것입니까? 그것이 인간인 것 아닙니까? 뭐 그런 죄 문제 가지고 자꾸 물고 늘어지고, 사람 마음을 불편하게 합니까? 그렇게 하는데도 사랑의 하나님입니까?

여러분, 이런 반응에 익숙하지 않습니까? 전도할 때에 그런 반응을 접할 것입니다. 우리가 영적으로 깨어있지 않으면 사실 우리 마음 속에도 그런 생각이 듭니다. 그깟 죄 좀 지었다고 하나님께서 그렇게까지 심하게 추궁하실까? 그것은 지나간 세대, 이전 세대, 억압적이고 권위주의적인 체제 속에서나 통하는 말일 뿐 인간해방을 꿈꾸는 이 자유로운 시대에 죄를 거론하는 것은 시대착오적인 것이 아닌가? 이것이 전형적인 반발입니다. 또 인간들 사이에서는 미안하다고 하면 용서하고 털어버리는데 왜 하나님은 그렇게 안 하시고 굳이 십자가를 요청하시는지 모르겠다는 반응도 있습니다.

하나님에 대한 무지

이렇게 말하는 것은 하나님을 몰라서 그런 겁니다. 그것은 우리가 바라는 바일 뿐 실제는 아닙니다. 정말 중요한 것은 그런 바람이 아니라 실상입니다. 하나님이 정말 살아계신다면 그 하나님이 우리에게 대해서 죄의 책임을 묻고 계신다는 것을 깨달아야 합니다. 죄를 가볍게 생각하는 것은 하나님에 대한 무지 때문입니다. 현대인들은 사실 하나님을 잘 모릅니다. 현대인들이 아는 하나님은 기껏해야 산

타클로스 할아버지 정도입니다. 그래서 우리는 자꾸 하나님의 사랑만 말하고 은혜만 말해야 한다고 생각합니다. 누군가를 지옥에 보내시는 하나님은 어울리지 않습니다. 있을 수 없는 끔찍한 일로 생각합니다. 하나님은 모든 사람을 다 구원하셔야 하나님답다고 여깁니다. 그것을 만인구원론이라고 말합니다. 그렇지만 그것은 성경의 하나님은 아닙니다.

성경에 하나님을 만난 사람들의 반응이 나와 있습니다. 그들은 거룩한 하나님의 종들이었습니다. 그럼에도 불구하고 하나님을 만났을 때 그들이 보인 일차 반응은 두려움이었습니다. 하나님을 만날 때 인간은 두려워합니다. 하나님을 만나보지 않아서 두려움을 모르는 것입니다. 하나님을 만난 사람들은 모두 하나님을 두려워합니다. 선지자 이사야가 하나님을 만났을 때 어떻게 반응합니까?(사 6장) 그는 성전에서 높은 보좌에 앉으신 하나님의 환상을 보고는 이렇게 고백을 합니다. "화로다 나여 망하게 되었도다!" 쉽게 표현하면 "나는 이제 죽었다. 큰일났다!"입니다. "나는 입술이 부정한 사람으로써 입술이 부정한 백성 중에 거하는데 거룩하신 하나님을 뵈었기 때문이다."라고 고백합니다.

하나님의 진노

구약에서 하나님은 두렵고 어려운 분으로 나타납니다. 그런데 신약의 예수님은 마냥 부드럽고 인자하기만 한 분이라고 오해합니다. 계시록 1장을 보면 요한이 밧모섬에서 주의 날에 부활하신 주님을 만납니다. 사도 요한이 부활하신 주님을 만나고 즉각 보인 반응이 무엇이었습니까? "내가 그 앞에 죽은 자 같이 되었도다." 너무나 두려워서 죽은 자처럼 되었습니다. 여러분, 요한이 누굽니까? 예수님의 사랑하시는 제자였습니다. 예수님 어깨에 자기 머리를 기대고 예수님과 가장 친근한 관계를 맺었던 제자입니다. 그 제자가 성육신 하셔서 낮아지고 연약하신 모습으로 오신 주님이 아니라 부활하셔서 영광과 권능의 자리에 오르신 그 예수님을 다시 만났을 때 그 앞에 죽은 자같이 되었습니다.

우리도 이 사실을 기억해야 하겠습니다. 죄와 더불어 성경이 강조하는 것은 하나님의 진노입니다. 왜 죄가 문제냐고 물으면 그 죄에 대해서 하나님이 진노하시고 있기 때문이라고 대답할 수 있습니다. 하나님이 심판하실 것이기에 두려워해야 합니다. 그래서 우리가 이제 살펴보고자 하는 것은 하나님의 진노라는 측면입니다. 하나님의 진노는 죄보다 더 생소한 교리입니다. 사실 기독교가 인간을 죄인이라고 한다는 것 정도는 비기독교인들도 알고 있습니다. 그런데 비기독교인들이 잘 모르는 것은 하나님이 진노하고 계시다는 사실입니다. 오늘은 하나님의 진노를 좀 생각해 보려고 합니다.

진노의 사실성

먼저 진노의 사실성입니다. 하나님이 진노하고 계시다는 것은 엄연한 사실입니다. 하나님의 진노는 현재도 이 세상을 향해서 죄인들을 향해서 말해지고 있습니다. 오늘 본문 로마서 1장 18절을 봅시다.

> "하나님의 진노가 불의로 진리를 막는 사람들의 모든 경건치 않음과 불의에 대하여 하늘로 좇아 나타나나니"(롬 1:18).

하나님의 진노가 지금 나타나고 있습니다. 로마서 1장 후반부에 보면 하나님의 진노가 어떻게 나타나는지 바울이 말합니다. 거기서 보면 지금은 하나님이 우리를 죄가운데 내어버려 두심으로써 나타납니다. 그러나 마지막 날에는 하나님께서 다시 찾아오실 것입니다. 그래서 로마서 2장 5절에 이런 말씀이 있습니다. "다만 네 고집과 회개치 아니한 마음을 따라 진노의 날 곧 하나님의 의로우신 판단이 나타나는 그 날에 임할 진노를 네게 쌓는도다.” 하나님이 지금 죄에 대해서 진노하시는데 지금 진노하시는 형태는 “유기”라는 것입니다. 죄의 길을 계속 가도록 그냥 두신다는 뜻입니다. 이 유기가 너무 무서운 형벌 아닙니까?

어렸을 때 가끔 어머니나 아버지한테 그런 경고를 들었습니다. “내가 단단히 벼르고 있어. 지금 당장 야단 안친다고 해서 괜찮은 것이 아니야. 너 하고 싶으면 네 마음대로 해 봐.” 하고 싶으면 네 마음대로 해봐라는 말을 했다고 해서 이것을 허락으로 듣는 분들은 없을 것입니다. 드디어 자유를 얻었다고 여기지 않을 것입니다. 사실 그 말이 더 무섭습니다. 그 다음부터는 해야 하는지 안 해야 하는지 자기 검열이 시작됩니다. 하나님이 지금 우리를 억지로 막지 않으십니다. 우리가 죄의 길로 가고자 할 때 그냥 가게 하십니다. 하나님이 택하신 자들에게는 어떻게 하십니까? 하나님이 막으십니다. 그것이 고난입니다. 우리가 하나님의 택하신 자인데 죄의 길로 가고자 하면 하나님이 개입하십니다. 그러나 세상에 대해서는 내어버려 두십니다. 내어버려 두시는 이유는 심판의 날이 있기 때문입니다. 하나님의 의로운 판단이 나타날 그 날에 임할 진노가 있습니다. 로마서 5장 9절에서 말합니다. "그러면 이제 우리가 그 피를 인하여 의롭다 하심을 얻었은즉 더욱 그로 말미암아 진노하심에서 구원을 얻을 것이니" 우리가 구원을 얻는다는 말은 다른 것이 아니고 하나님의 진노하심으로부터 건짐 받는다는 뜻입니다.

에베소서 2장 3절엔 이런 말씀이 있습니다.

"전에는 우리도 다 그 가운데서 우리 육체의 욕심을 따라 지내며 육체와 마음의 원하는 것을 하여 다른 이들과 같이 본질상 진노의 자녀이었더니"(엡 2:3).

믿기 전에는 진노의 자녀였습니다. 데살로니가전서 1장 10절에서는 이렇게 말합니다.

"또 죽은 자들 가운데서 다시 살리신 그의 아들이 하늘로부터 강림하심을 기다린다고 말하니 이는 장래 노하심에서 우리를 건지시는 예수시니라"(살전 1:10).

바울이 데살로니가에 가서 복음을 전했는데 데살로니가 사람 중에 믿는 사람들이 생겼습니다. 바울이 전한 복음을 듣고 믿은 자들은 예수님이 다시 나타나실 것, 예수님의 강림을 기다렸습니다. 예수님은 강림하셔서 무슨 일을 하십니까? 죄에 대한 하나님의 심판이 없다면, 그리고 그 죄에 대한 하나님의 진노하심이 없다면, 우리는 죄를 가볍게 여길 것입니다. 부모가 자녀의 죄를 보면서 죄라고 가르치지 않으면 죄를 가볍게 여기는 자녀가 될 것입니다. 그래서 그들은 하나님도 그렇게 하실 것이라고 생각할 수 있습니다. 자기 스스로 용서합니다. "내가 죄인인 것을 인정해. 인간은 완벽할 수 없잖아. 우리는 다 부족하고 매사에 실수가 많아. 그렇지만 하나님은 이해하실 거야. 하나님은 다 봐주실 거야." 하지만 이것은 하나님을 몰라서 하는 생각입니다. 여러분, 하나님의 진노는 얼마나 크고 무섭고 두렵습니까? 성경에 하나님의 진노의 엄중함에 대해서 많은 곳에서 자주 이야기하고 있습니다. 요한계시록 6장 15-17절을 보십시오.

> "땅의 임금들과 왕족들과 장군들과 부자들과 강한 자들과 각 종과 자주자가 굴과 산 바위틈에 숨어 산과 바위에게 이르되 우리 위에 떨어져 보좌에 앉으신 이의 낯에서와 어린 양의 진노에서 우리를 가리우라. 그들의 진노의 큰 날이 이르렀으니 누가 능히 서리요 하더라"(계 6:15-17).

여기 임금들, 왕족들, 장군들, 부자들은 누굽니까? 한마디로 잘 나가는 자들입니다. 기득권자들입니다. 강한 자들입니다. 그런데 이들 뿐아니라 종이나 자주자나 모든 사람을 다 포함하여 이 경고를 하십니다. 어린 양의 피로 씻김을 받지 못해서 구원받지 못하는 사람들은 다 산과 바위에게 무너져서 우리를 덮으라고 부탁합니다. 그런데 산과 바위에게 제발 무너져서 나를 덮으라고 부탁하는 사람이 있을까요? 왜? 보좌에 앉으신 이와 어린 양의 진노에서 나를 좀 가려달라는 뜻입니다. 얼마나 그 진노가 무서우면 그런 부탁을 할까요? 여러분은 이 진노를 아십니까? 하나님의 진노를 아십니까?

애석하게도 우리는 진노를 모릅니다. 사실 저도 그렇습니다. 저도 하나님의 진노를 마땅히 알아야 할 만큼은 알지 못합니다. 우리가 함부로 죄를 짓는 이유가 무엇입니까? 하나님의 진노를 모르기 때문입니다. 하나님이 얼마나 죄를 미워하시는지, 그리고 이 죄가 하나님 앞에서 얼마나 큰 진노를 불러일으키는지 잘 몰라서 죄를 가볍게 여기는 것입니다. 머리로는 이해합니다. 하지만 동시에 현대적인 사고방식의 영향을 받아서 '괜찮을거야, 아무렇지 않을 거야'라고 스스로 위안을 주고 면죄부를 줍니다. 그렇다면 이런 질문을 하게 됩니다. 하나님이 진노하시는 것이 옳은가? 하나님이 과연 그렇게 진노하셔도 괜찮은가? 너무 지나친 것이 아닌가? 왜 하나님은 진노하시는가? 하나님이 진노하시는 이유는 무엇인가? 물론 죄 때문입니다. 그런데 왜 하나님은 죄에 대해서 진노하셔야 하십니까? 이 질문이 우리가 제일 이해하기 어렵습니다. 네, 하나님은 우리와 너무 다르시기 때문에 죄에 대해 진노하십니다. 우리 인간과 달리 하나님은 완전히 거룩하시고 완전히 의로우신 분이십니다. 하지만 우리는 거룩이 뭔지, 의가 뭔지 잘 모릅니다.

탄광촌에서 산다고 생각해 보십시오. 그러면 아무리 빨래하고 씻어도 석탄 가루가 날아다니기 때문에 전부 회색입니다. 하얗다는 게 정말 하얀 것이 아닙니다. 그런데 계속 그곳에서 살면 흰 것이 무엇인지를 모릅니다. 그냥 희다는 것은 비교적 덜 시커먼 것, 회색 정도 그렇게 생각할 것입니다. 그랬던 사람이 탄광촌을 벗어나서 석탄가루가 전혀 없는 곳에서 깨끗하게 세탁한 천을 보거나 깨끗이 씻은 모습을 보면 비로소 희다는 것, 깨끗하다는 것이 무슨 뜻인지 알게 됩니다. 그동안 내가 얼마나 시커멓게 살아왔는지 알게 됩니다. 하나님의 거룩하심, 도덕적인 완전함, 하나님의 도덕적 순결성(Moral Purity)을 우리 인간은 잘 모릅니

다. 그래서 죄도 모르고 죄에 대한 하나님의 진노도 이해할
수 없는 것입니다. 하나님의 진노를 잘 모르기에 우리는 두
가지를 오해합니다.

하나님에 대한 오해

사적 감정이다!

첫째 오해는 하나님의 진노를 하나님의 개인적인, 사적
인 감정으로 보는 것입니다. 하나님은 유달리 까다로우시
고 변덕스럽고 신경질 많은 분이라고 보는 것입니다. 더 너
그럽지 못한 것을 탓합니다. 하나님은 짜증이 많고 쉽게 화
를 내고 신경질을 부리고 혈기가 많은 분이라고 생각합니
다. 하나님의 진노를 하나님의 개인 성향으로 치부하는 것
입니다. 이것처럼 하나님을 크게 오해하는 태도는 없을 것
입니다. 하나님은 전혀 그런 분이 아니기 때문입니다.

기계적인 인과응보다!

또 반대의 극단적인 오해도 있습니다. 하나님의 진노를
인과응보의 기계적인 적용인 듯이 여기는 태도입니다. 자
연에는 자연법칙이 있습니다. 중력의 법칙으로 모든 것이

아래로 떨어집니다. 자연법칙이 기계적으로 이루어지듯이, 죄에 대한 하나님의 진노 역시 기계적으로 적용되는 비인격적인 법칙인 듯이 설명하는 사람들이 있습니다. 그렇게 보아야 하나님의 변덕스럽고 짜증내는 듯한 표현이 그분의 진노라고 하는 주장을 피할 수 있다고 생각합니다. 하지만 전혀 그렇지 않습니다. 하나님은 인격적인 분이십니다. 하나님은 진노를 즉시 발할 수도 있고 오래 참으면서 진노를 연기하실 수도 있습니다. 화내실 수도 있고 화를 참으실 수도 있습니다. 그래서 하나님의 진노를 이해하는 데 있어서 가장 중요한 것은 그것이 인격적인 반응이라는 사실을 기억하는 것입니다. 하나님의 진노는 결코 비인격적이고 기계적이고 자동적인 반응이 아닙니다.

하나님의 진노에 대한 바른 이해

하나님의 진노는 인격적이다!

그런데 인격적이라고 할 때, 그것은 변덕스럽고 혈기 많고 짜증스러운 것, 어떤 예민한 노인의 심술 같은 혈기가 아니라는 것을 아는 것도 중요합니다. 하나님의 진노는 거룩하신 하나님의 죄에 대한 인격적인 혐오입니다. 물과 기름이 섞일 수 없듯이 거룩하신 하나님은 죄를 용납하실 수 없습니다. 하나님은 사랑이시고, 긍휼을 베푸시고, 우리에게 은혜와 사랑을 베푸시는 분입니다. 이것이 인격적인 하나님의 모습입니다. 마찬가지로 죄에 대해서는 미워하시고 싫어하십니다. 우리가 성경을 읽다 보면 '하나님이 미워하신다'라는 표현이 자주 나옵니다. 그 중에 특별히 하나님이 미워하신다, 라는 표현이 집중적으로 나오는 성경이 잠언입니다. 잠언을 읽어 보면 하나님이 미워하시는 것이 무엇인지가 여러 번 나옵니다. 잠언은 지혜의 책이고, 지혜는 하나님이 정하신 도덕적 질서, 영적 질서, 자연 질서를 가리키기 때문에, 하나님이 정하신 질서에는 하나님이 좋아하시는 것이 있고 싫어하고 미워하는 것이 있다는 것을 밝혀야 하는 것입니다. 하나님이 미워하시는 것은 무엇입니까?

"여호와의 미워하시는 것 곧 그 마음에 싫어하시는 것이 육 칠 가지니 곧 교만한 눈과 거짓된 혀와 무죄한 자의 피를 흘리는 손과 악한 계교를 꾀하는 마음과 빨리 악으로 달려가는 발과 거짓을 말하는 망령된 증인과 및 형제 사이를 이간하는 자니라" (잠 6:16~19).

하나님이 미워하시는 것을 향한 진노

왜 불의에 대해 그냥 넘어갈 수 없습니까? 불의한 일을 한 번 당해보십시오. 억울한 일을 당해보십시오. 재판에 나갔는데 거짓 증인이 여러분에 대해서 없는 얘기를 꾸며 말하고 모함하고, 음해한다고 생각해 보십시오. 얼마나 억울하겠습니까? 그래도 괜찮다고, 죄를 지어도 상관없다고 하실 것 같습니까? 한국 사람들의 정서를 표현하는 아주 독특한 단어가 '한'(恨)입니다. 사실 모든 나라에 '한'이 있을 것입니다. 한국 사람들이 한에 대한 깊은 이해와 느낌이 있습니다. 역사 내내 민초들은 탐관오리들, 너무나 부조리하고 불의한 어떤 억압세력들에 의해서 억울한 일을 많이 당했기 때문입니다. 한이 무엇입니까? 한은 불의에 대한 분노입니다. 인간의 역사는 한의 역사이고 언젠가는 이 불의가 반드시 해결되어야 하는 날이 와야 합니다. 그것이 심판이고 하나님의 진노입니다.

하나님은 악인을 의롭다 하며 반대로 의인을 악하다고 하는 자를 미워하십니다. 한결같지 않은 저울추와 말을 미워하십니다. 여러분, 하나님의 진노를 이해하는 길은 이런 어떤 불의에 대한 내 마음의 억울함을 공감하는 데서 시작합니다. 불의는 안 되고, 악은 안되고, 죄는 안된다는 마음

입니다. 그것을 조금씩 깨달아 갈 때 하나님의 진노를 이해
하게 됩니다.

하나님의 공의와 사랑의 조화

나는 하나님을 깊이 아는 사람이라고 말하기 어렵습니
다. 하나님을 너무 몰라서 늘 안타깝게 여기며 살고 있습
니다. 그럼에도 나는 심판은 반드시 있어야 한다고 생각합
니다. 그 심판의 결과로 내가 지옥 가는 한이 있어도 심판
은 있어야 한다고 봅니다. 왜 그렇습니까? 하나님의 거룩하
심, 하나님의 공의는 반드시 서야 하기 때문입니다. 그래서
첫 번째 하나님의 진노는, 거룩하신 하나님을 거슬러 지은
죄에 대한 인격적인 혐오의 표현이고, 두 번째는 하나님의
진노는 죄에 대한 하나님의 공의의 심판입니다. 오늘 읽은
로마서 3장 25, 26절에 이런 말씀이 있습니다.

> "이 예수를 하나님이 그의 피로 인하여 믿음으로 말미암는 화
> 목 제물로 세우셨으니 이는 하나님께서 길이 참으시는 중에 전
> 에 지은 죄를 간과하심으로 자기의 의로우심을 나타내려 하심
> 이니 곧 이 때에 자기의 의로우심을 나타내사 자기도 의로우시
> 며 또한 예수 믿는 자를 의롭다 하려 하심이니라"(롬 3:25-26).

한글개역개정의 번역이 조금 어렵습니다. 풀어서 설명하

면 이렇습니다. 하나님께서 예수님을 화목제물로 세우셨습니다. 그 이유는 하나님께서 자기의 의로우심을 나타내기 위해서입니다. 왜 예수님을 십자가에 못박아 화목제물로 삼으셨습니까? 하나님 당신의 의로우심을 보이기 위해서입니다. 그래서 하나님이 이전에 지나간 시대에는 사람들의 죄를 간과하셨지만, 이제 예수님이 오신 이후로는 예수님을 화목제물로 삼으심으로써 하나님 자신도 의로워지시고 예수 믿는 자도 의롭다하시기 위해서입니다.

다시 말하면 하나님이 죄인들을 의롭다고 하시려고 합니다. 그런데 하나님이 미워하시는 것은 무엇이었습니까? 의인을 악하다고 하고 악인을 의롭다고 하는 이 두 가지를 하나님이 미워하신다고 했습니다. 그런데 하나님은 지금 자신이 미워하는 그 일을 하시려고 합니다. 하나님이 굉장히 미워하시는 것이 악인을 의롭다 하는 일입니다. 그런데 누가 악인입니까? 여러분과 제가 악인입니다. 우리가 다 악인이고 다 죄인입니다. 그러나 하나님이 그런 우리를 의롭다고 하시려고 합니다. 그러면 어떻게 됩니까? 하나님 자신이 불의한 자가 되십니다. 그래서 하나님이 하나님 자신도 의로우시고 우리도 의롭다 하실 수 있는 길을 찾아야 합니다. 그 방법이 바로 십자가입니다. 예수님을 화목제물로 삼으신 것입니다. 이 화목제물이라는 단어는 영어로는 'propitiation'입니다. '힐라스테리온'이라는 헬라어입니다. 그런데 이 단어를 "유화"라고 번역할 수 있습니다. 어렵기는 마찬가지입니다. "진노를 푼다"는 뜻입니다. 화목제물(propitiation)이라는 단어의 본뜻은 진노하시는 하나님의 진노를 풀어드린다는 것입니다. 그래서 많은 사람이 이 단어를 반대하고 이 단어에 걸려 넘어집니다. 그러나 이것은 성경에 있고 복음의 핵심입니다. 십자가가 무엇인가? 십자가는 예수님이 하나님의 분노를 풀고 화를 달래기 위해서 하나님의 진노를 대신 담당한 죽음입니다.

그런데 죄를 향한 하나님의 진노를 예수님이 받으셨기에 이제 어떤 길이 열렸습니까? 하나님이 우리를 의롭게 여겨 주실 수 있게 되었습니다. 우리에게 죄를 정하지 않고 드디어 받아 주시고 의롭다고 여겨 주실 수 있는 길이 열렸습니다. 그래서 하나님은 여전히 의로운 분으로 남으실 수 있습니다. 그래서 하나님의 진노는 거룩하신 하나님의 죄에 대한 인격적인 혐오이고, 죄에 대한 하나님의 공의의 심판입니다. 이 죄를 심판하시는 일입니다.

율법의 저주를 해결하는 십자가

하나님의 진노는 율법의 저주로 옵니다. 갈라디아서 3장 13절에 이런 말씀이 있습니다.

"그리스도께서 우리를 위하여 저주를 받은 바 되사 율법의 저주에서 우리를 속량하셨으니 기록된바 나무에 달린 자마다 저주 아래 있는 자라 하였음이라"(갈 3:13).

십자가는 하나님이 율법을 어긴 자들을 향해서 하나님이 퍼부으시는 저주를 예수님에게 대신 퍼부으신 사건입니다. 율법은 공의로우신 하나님이 이 세상을 도덕적으로 다스리시기 위해 세우신 질서입니다. 이 법칙을 깨뜨리고 율법을 어기는 자에게는 저주가 임한다고 율법은 정하고 있습니다. 하나님이 정하신 법입니다. 그런데 하나님 자신이 그 법을 깰 수 있습니까? 법을 정해 놓고 어떤 사람은 위법의 대가를 치르게 하고 내가 사랑하는 사람은 법을 어겨도 눈 감아 준다면 공의로운 하나님이라고 할 수 없을 것입니다. 그래서 하나님은 율법을 범한 자를 저주하십니다. 그 저주가 하나님의 진노로 나타나는 것입니다. 하나님은 공의로우신 분이시기에 죄에 대해서 진노하시는 것입니다.

여기까지 말하고도 하나님의 진노가 무엇이고 그분이 진

노하신 이유가 무엇인지 설명하기에 충분하지 않습니다. 간단히 하나님은 죄에 대해서 극도로 분노하신다는 것이 성경의 가르침입니다. 그런데 왜 그렇게 분노하셔야 합니까? 이를 위해서 하나님의 거룩하심, 하나님의 공의, 하나님의 율법 같은 것을 거론했습니다. 하지만 머리로 이해하려고만 하고 마음으로 공감하지 않는다면 결국 하나님의 진노에 대해서 제대로 알 수 없습니다. 하나님의 진노를 안다는 것은 하나님 그 분을 인격적으로 점점 깊이 알아간다는 뜻입니다. 우리는 그 앎을 다양한 정도로 알고 있습니다. 그러나 마지막 날 주님이 다시 오셔서 모든 백성을 심판하실 때, 그래서 하나님의 모습이 온전히 우리에게 드러날 그 날, 우리는 적나라하게 하나님이 어떤 분이시며 하나님이 죄에 대해서 얼마나 진노하시고 그 진노가 얼마나 옳고 합당한지를 인정하게 될 것입니다.

진정한 회개는?

회개가 무엇입니까? 회개는 벌받을 것이 두려워서 미안하다고 사과하는 것이 아닙니다. 진정한 회개는 하나님의 진노를 느끼는 것입니다. 하나님의 아픈 가슴을 느끼는 것입니다. 내 죄에 대해 자책하고, 하나님의 분노와 혐오, 미움을 느끼고 돌이키는 것입니다. 성령께서 하나님을 알게 해 주실 때만 회개할 수 있습니다. 우리가 이 모든 것을 어느 정도 이해했던지 간에 꼭 기억해야 할 것은 하나님은 진노하신다는 사실입니다. 모든 죄인은 이 진노를 피할 수 없다는 사실입니다. 하나님이 다 용서해 주실거야, 괜찮을거야, 라며 소원만 늘어놓겠습니까? 하나님이 어떻게 진노하실 수 있는가, 하나님을 매도할 수 있는가, 하면서 흥분하기만 하겠습니까? 그래서는 안 됩니다. 그것은 하나님을 두둔하는 태도가 아닙니다. 하나님의 진노에서 벗어나게 해 줄 수 있는 유일한 길은 십자가뿐입니다. 그러니 다시 십자가로 돌아갑니다. 복음은 이 하나님의 진노에서 벗어날 수 있는 길이 있다는 소식입니다. 그 길을 하나님 자신이 마련하셨고, 하나님 자신이 제공하셨다는 소식입니다. 그래서 우리 하나님은 사랑의 하나님이 되시는 것입니다.

우리가 죄의 심각성을 깊이 깨닫기를 바랍니다. 그 죄에 대한 하나님의 진노를 좀 더 깊이 공감할 수 있기를 바랍니다. 그래서 우리가 십자가를 굳게 붙잡고 하나님의 은혜에만 의존해서 살아갈 수 있기를 간절히 바랍니다.

7장 | 하나님의 사랑

"소망이 부끄럽게 아니함은 우리에게 주신 성령으로 말미암아 하나님의 사랑이 우리 마음에 부은바 됨이니 우리가 아직 연약할 때에 기약대로 그리스도께서 경건치 않은 자를 위하여 죽으셨도다. 의인을 위하여 죽는 자가 쉽지 않고 선인을 위하여 용감히 죽는 자가 혹 있거니와 우리가 아직 죄인 되었을 때에 그리스도께서 우리를 위하여 죽으심으로 하나님께서 우리에게 대한 자기의 사랑을 확증하셨느니라"(롬 5:5-8).

내가 대학교 다닐 때, 학교에서나 교회에서 성경공부를 참 열심히 했습니다. 많은 것을 배우고 그것을 소화하기에도 벅찼는데, 어느 날 문득 하나님에 대한 놀라운 정의가 떠올랐습니다. "하나님은 죄를 미워하시지만 죄인은 사랑하신다." 이 말이 문득 머리 속에서 떠올랐습니다. 나중에 알고 보니 너무나 흔한 표현이었습니다. 하지만 어디서 듣고 떠올린 것이 아니라 성경공부를 하다가 나름대로 정리하여 깨달았기에 나에게는 그 말이 정말 의미있게 다가왔고 깊이 각인되었습니다. 한동안 내가 도통한 사람인 양 "하나님은 죄는 미워하시지만 죄인은 사랑하신다"는 말을 많이 하고 다녔습니다. 성경공부에 참여한 후배들에게 하나님은 어떤 분이시라고 생각하느냐고 물으면, 후배들은 '하고 싶은 말이 있는 것 같은데 빨리 하시지요', 라고 합니다. 그러면 나는 "하나님은 죄는 미워하시지만 죄인은 사랑하시는 분이야."라고 말하곤 했습니다.

진노하시는 하나님

죄는 미워하시지만 죄인은 사랑하신다!

지난 장에서 욥기에 대해 언급한 바 있습니다. 욥의 친구들이 욥과 신학 토론을 합니다. 하나님은 어떤 분이신가, 하는 것이 주제였습니다. 또 욥이 지금 이런 고난을 당하는 이유에 대해서도 서로 토론했습니다. 우리가 예수님을 믿고 하나님을 믿는다고 말할 때, 나름대로 하나님에 대한 뚜렷한 인식이 있어야 합니다. 신관(神觀)이 분명해야 한다는 것입니다. 그게 없으면, 하나님을 믿는다고 하지만 실제 내용은 너무나 미신적이어서 무속신앙에서 말하는 신관과 다를 바 없을 수도 있습니다.

여러분은 하나님이 어떠한 분이시라고 생각합니까? 하

나님은 죄를 미워하십니다. 이 사실을 분명히 압니까? 하나님이 너무도 죄를 미워하시고 악을 미워하시지만, 죄인은 너무도 사랑하십니다. 물론 계속 죄 가운데 거하는 자는 그 죄 때문에 미워하십니다. 그러나 죄를 미워하실 뿐 그 사람을 미워하시는 것은 아닙니다. 그 사람은 사랑하십니다. 이것은 우리에게 잘 알려진 진리이지만, 사실 우리가 이 진리를 좀처럼 바르게 깨닫기는 쉽지 않습니다. 사람들은 흔히 치우치기 때문입니다. 그래서 사람처럼 하나님도 죄와 죄인을 다 미워하신다고 생각하기 쉽습니다. 반면에 하나님이 죄인을 사랑하시는 것을 강조하는 것은 좋은데, 죄에 대해서도 별로 상관하지 않으시고 다 괜찮다고 하시는 분으로 여기는 다른 극단의 주장도 있습니다. 현대는 이 후자 쪽으로 많이 치우쳤습니다. 이 둘 사이에 균형을 잡는 것이 쉽지 않습니다. 우리가 하나님이 죄를 미워하시는 측면과 죄인을 사랑하시는 이 측면을 적절히 깨닫게 되면 그것이 삶을 대하는 우리의 태도에 영향을 미칩니다. 그래서 다른 사람을 계속 정죄하고 율법적으로 판단하는 성향을 보일 수도 있고, 죄에 대해서 전혀 의분을 느끼지 않거나 불의를 보면서도 하나님의 아픈 심정을 느끼지 않고 무감각해지는 쪽으로 갈 수도 있습니다.

연기된 하나님의 진노

하나님의 진노는 거룩하신 하나님의 죄에 대한 인격적인 혐오, 인격적인 거부라고 했습니다. 또한 그것은 죄에 대한 하나님의 공의의 심판이라고도 말씀드렸습니다. 하나님의 진노는 율법의 저주가 이루어진 것입니다. 그렇다면 이런 질문을 할 수 있습니다: 하나님은 그토록 죄에 대해서 진노하시는데, 왜 그 진노를 인간들에게 퍼붓지 않으시는가? 역사적으로 보면 하나님께서 인간의 죄가 관영할 때 개입하셔서 심판하신 예들이 있습니다. 소돔과 고모라, 노아의 홍수, 여호수아 시대의 가나안 족속들에 대한 심판이 그 예입니다. 그렇지만 그런 몇몇 예를 제외하면 사실 지금도 어느 시대 못지 않게 타락했는데도 하나님은 계속 오래 참으시는 것처럼 보입니다. 하나님은 왜 오래 참기만 하시고 진노를 퍼붓지 않으실까요?

하나님의 사랑

포기하지 않으시는 하나님의 사랑

하나님께서 그 진노를 십자가에서 당신의 아들에게 퍼부으셨습니다. 그 이유는 바로 사랑 때문입니다. 오늘 이 하나님의 사랑에 대해서 생각해 보고자 합니다. 처음부터 하나님의 사랑을 말하지 않은 이유는 하나님의 진노의 배경에서만 하나님의 사랑을 바로 이해할 수 있기 때문입니다. 하나님이 얼마나 죄를 미워하시고 진노하시는지를 알 때, 그 진노를 참으시고 그 진노를 당신의 아들에게 쏟으신 그 하나님의 사랑을 비로소 알 수 있기 때문입니다. 현대인들은 하나님의 사랑과 자비하심에 대해 많이 이야기합니다. 하지만 하나님의 사랑에 대해 감동도 없고 감격도 없습니다. 그것은 너무 값싼 것이고 흔한 것이 되어 버렸기 때문입니다. 왜 그렇습니까? 그 하나님의 사랑의 배경이 되어야 할 하나님의 거룩하심과 하나님의 진노를 모르고 있거나 아예 거론하고 싶어하지 않기 때문입니다.

성경에 하나님의 사랑하는 심정을 잘 표현한 본문이 있습니다. 호세아 11장 8절, 9절입니다.

"에브라임이여 내가 어찌 너를 놓겠느냐 이스라엘이여 내가 어찌 너를 버리겠느냐 내가 어찌 너를 아드마 같이 놓겠느냐 어찌 너를 스보임 같이 두겠느냐 내 마음이 내 속에서 돌아서 나의 긍휼이 온전히 불붙듯 하도다. 내가 나의 맹렬한 진노를 발하지 아니하며 내가 다시는 에브라임을 멸하지 아니하리니 이는 내가 사람이 아니요 하나님임이라 나는 네 가운데 거하는 거룩한 자니 진노함으로 네게 임하지 아니하리라"(호 11:8).

호세아 선지자는 사랑의 선지자로 널리 알려져 있습니다. 그 호세아를 통해서 에브라임, 이스라엘에 대한 하나님 당신의 심정을 토로하고 계십니다. "에브라임이여 내가 어찌 너를 놓겠느냐 이스라엘이여 내가 어찌 너를 버리겠느냐 내가 어찌 너를 아드마 같이 놓겠느냐 어찌 너를 스보임 같이 두겠느냐" 아드마와 스보임은 소돔과 고모라에 인접한 성읍들이었습니다. 창세기 14장에 보면 소돔과 고모라 왕이 아드마 스보임 인근 지역의 왕들과 연합해서 그돌라오멜이라고 하는 왕을 대적하는 내용이 나옵니다. 그런데 하나님께서 그 아드마와 스보임을 소돔 고모라와 함께 멸하셨습니다. 소돔과 고모라가 하나님의 진노를 받을 때 그 일대가 다 하나님의 심판을 받은 것입니다. 그래서 하나님이 아드마를 버리셨습니다. 스보임을 내 버리셨습니다. 그러나 에브라임만은 그렇게 하실 수 없으셨다는 것입니다. 이스라엘만은 하나님께서 버리실 수 없으셨습니다. 그래서 "내 마음이 내 속에서 돌아서 나의 긍휼이 온전히 불붙듯 하도다"라고 하십니다.

이 하나님의 심정을 이해하실 수 있습니까? 말 안 듣고 속 썩이는 자식이 있습니다. 엄마 아빠의 말을 안 듣고 반

항하고 온갖 나쁜 짓을 하고 다닙니다. 그래서 속으로는 '내가 너와 의절하겠다. 너는 내 자식이 아니다'라고 말하며 씩씩거립니다. 하지만 그럴 수 있습니까? 우리 마음 속에 긍휼이 불붙듯 그 자식에 대한 사랑이 속에서 끓어오릅니다. 그래서 차마 버릴 수 없는 것입니다. 우리는 인간이니까 때때로 마음이 강퍅해지고 사랑이 식어서 자식까지 버리기도 합니다. 왜냐하면 사랑으로 자식을 끝까지 붙드는 것이 너무나 고통스럽기 때문입니다. 진이 마르고 부모가 먼저 홧병으로 죽을 것 같아서 포기하기도 합니다. 그렇지만 포기하지 못하는 사람들이 있습니다. 끝까지 자식을 놓지 못해서 그 자식이 돌아오기를 기다리는 부모가 있습니다.

렘브란트의 탕자의 귀환

렘브란트가 그린 '탕자의 귀환'을 보고 헨리 나우엔이 쓴 책이 있습니다. 그림을 보면 연로하신 아버지가 아들의 어깨 위에 두 손을 얹고 있습니다. 오랜 세월 고생하신 그 힘없는 늙은 아버지의 손이 아들의 어깨 위에 얹혀 있습니다. 아버지는 침침한 눈으로 아들을 맞아 주고 있습니다. 탕자는 어떤 자였습니까? 아버지 돌아가시기도 전에 유산을 달라고 해서 자기 몫을 챙겨 먼 나라로 가 다 탕진해버렸습니다. 여러분 같으면 그런 자식이 돌아오면 어떻게 하겠습니까? '내 집에는 얼씬도 못하게 하겠다'고 맘 먹지 않을까요? 그러나 탕자가 떠나간 후 아버지는 어떻게 합니까? 매일 마을 어귀까지 나와서 혹시 아들이 돌아올까 하여 기다렸습니다. 그것이 우리 하나님이십니다. 그것이 하나님의 사랑입니다.

우리는 입만 열면 하나님의 사랑을 말해 왔습니다. 전도할 때도 "하나님은 당신을 사랑하십니다"라고 수없이 외쳐 왔습니다. 그런데 그런 우리 말에는 힘이 없습니다. 진정성이 담겨 있지 않습니다. 왜 그렇습니까? 너무 피상적이라서 그렇습니다. 너무 습관적입니다. 너무 형식적입니다. 우리는 그저 그렇게 말만 했습니다. 우리가 진짜 하나님의 사랑을 깨닫는다면 우리 삶은 변할 것입니다. 우리가 정말 하나님의 사랑을 안다면 어떤 일이 일어나도 우리를 흔들 수 없습니다. 오늘 십자가에서 드러난 하나님의 사랑을 다시 한번 묵상하기를 원합니다. 그래서 우리 마음의 눈이 열려서 하나님의 사랑이 과연 어떤 것인지 조금 더 깨닫게 되기를 바랍니다.

칭의

칭의의 세 가지 현재적 결과

로마서 5장 5-8절을 이해하기 위해서 문맥을 먼저 살피겠습니다. 로마서 5장 1절 이하는 칭의의 결과를 말합니다. '그러므로 우리가 믿음으로 말미암아 의롭다 하심을 얻었은즉' 우리가 믿음으로 하나님께 용납되었기 때문에 그 결과 우리들에게 어떤 일이 일어났습니다. 1, 2절에서는 그 칭의의 현재적 결과를 말합니다. 하나님께 믿음으로 용납된 사람, 믿음으로 하나님으로부터 의롭다함을 받은 사람에게는 지금 당장 세 가지 결과가 나타납니다.

첫째는, 하나님과 더불어 평화합니다(Peace with God). 우리가 더 이상 하나님과 원수 관계, 불편한 관계, 대적의 관계에 있지 않고 화목된 관계가 됩니다. 하나님이 우리를 받아 주셔서 하나님과 평화로운 관계가 된다는 뜻입니다.

둘째는, 우리가 믿음으로 은혜에 들어가서 그 은혜 아래 서 있게 됩니다. 우리가 믿음으로 은혜 아래 서 있다는 말은 우리가 살아가는 삶의 환경이 은혜가 된다는 뜻입니다. 하나님이 더는 나를 율법으로 대하지 않고 모든 일에 나를 은혜로 대하신다는 말입니다. 그래서 우리는 하나님과 평화하게 되었고, 하나님의 은혜 안에서 살아가게 되었습니다.

셋째는, 하나님의 영광을 바라고 즐거워하게 됩니다. 그리고 기쁨이 충만해집니다. 왜 우리가 기쁨이 충만합니까? 소망이 있기 때문입니다. 무슨 소망입니까? 하나님의 영광에 대한 소망입니다. 은혜는 우리를 궁극적으로 하나님의 영광의 자리까지 우리를 이끌고 갑니다. 하나님께 의롭다 함을 받은 우리는 하나님의 영광이 임할 것을 바라고 즐거워하게 됩니다. 바울은 '영광의 소망 안에서 즐거워하느니라'라는 말을 하고 나서 소망에 대해서 설명을 더 합니다. 우리가 기뻐하고 즐거워하는 일을 심지어 환난 중에서도 유지한다고 합니다. 그리스도인들의 기쁨은 전천후 기쁨입니다. 일이 잘 될 때 기뻐하고 일이 안 풀리면 불평하고 근심하는 것이 아니라는 것입니다. 믿지 않는 사람들도 그렇게 삽니다. 그러나 참 기쁨, 참 즐거움, 참 소망은 환난 중에도 흔들리지 않아야 합니다. 그래서 바울은 "우리가 다만 이뿐 아니라 환난 중에도 즐거워하나니 환난은 인내를 인내는 연단을 연단은 소망을 이루는 줄 앎이니라"라고 말합니다.

소망

환난 〉 인내 〉 연단 〉 소망

환난은 인내를 가져옵니다. 믿음이 있다면 환난 중에 포기하지 않고 인내합니다. 그래서 인내는 믿음의 표현입니다. 믿음이 훈련받는 것을 말합니다. 그래서 그렇게 인내를 통과하고 인내로써 환난을 견디면 연단이 뒤따르는데, 이 연단을 NIV성경에서는 "proven character"로 번역하고 있습니다. 다시 말하면 우리의 심성이 단련되고 훈련되어 욥이 고백하듯 정금처럼 빚어진 아름다운 속사람이 된다는 것입니다. 환난은 우리를 변화시킵니다. 우리가 인내를 통과하고 인내로써 환난을 통과할 때, 우리의 내면이 바뀌고 연단을 받고 우리의 성품이 달라집니다. 그래서 사도는 "환난은 인내를, 인내는 연단을, 연단은 소망을 이루는 줄 앎이니라."라고 말하는 것입니다. 연단 뒤에 소망이 옵니다. 우리가 환난을 겪지만 환난을 겪을 때 소망이 있기에 인내할 수 있습니다. 인내하면 연단이 이루어지고 연단을 통해서 다시 소망으로 나아갑니다. 무슨 뜻입니까? 환난을 통해서 우리가 더욱 참된 소망을 굳세게 붙잡게 된다는 것입니다.

소망의 내용을 변화시키는 환난

세계가 전쟁의 소용돌이에 휩싸이고 강대국들 사이의 세력다툼으로 세계 경제 전체에 암울한 그림자가 드리워져 있습니다. 갈수록 안 좋아질 것이라는 전망이 우세합니다. 그럼에도 불구하고 여러분은 기쁘십니까? 그럼에도 불구하고 감격 속에 즐거워 하십니까? 그저 마음이 즐겁기만 한 것이 아니라 복음으로 사는 삶을 자랑하고 뽐내십니까? 그렇지 않다면 내가 성경이 말하는 이 소망으로 살고 있는 것은 아닙니다. 눈에 보이는 것이 전부라고 생각하며 살고 있는 사람일 뿐입니다. 눈에 보이는 것이 전부일 때는 환난이 닥쳐오면 기뻐할 수 없습니다. 그러나 환난 속에서 연단된 사람은 더 이상 이 세상의 것을 소망하지 않습니다. 더 이상 사라질 것, 없어질 것, 지나가 버리는 것에 마음을 두지 않습니다. 그래서 환난이 우리에게서 일으키는 변화는 우리로 하여금 참소망을 붙드는 사람이 되게 하는 것입니다.

우리는 결국 소망의 사람들입니다. 구원받았다고 하지만 얼핏 보면 믿지 않는 사람들보다 별로 나을 것이 없어 보이는 경우가 많습니다. 하지만 실상은 그렇지 않습니다. 우리에게는 세상이 갖고 있지 않은 소망이 있습니다. 그것 때문

에 그리스도인들은 세상과 다른 이유로 감격하고 기뻐하고
속에서 샘솟는 무언가를 갖고 있습니다.

소망의 확실성을 보장하는 하나님의 사랑

그런데 문제는 그 소망이 확실하다는 보장이 있는가 하
는 것입니다. 우리가 소망을 갖고 사는데 맨 마지막 순간 그
소망이 실현될 때, 그 소망이 헛것으로 드러나면 어떻게 됩
니까? 그렇지 않을 것이라는 보장이 있습니까? 전부를 걸
었는데 주님이 재림하시지도 않는다면 어떻게 될까요? 그
것을 염려하는 사람들에게 바울은 말합니다. "소망이 부끄
럽게 아니함은" 다른 말로 하면 "소망을 가진 우리가 나중
에 실망하지 않을 것은"입니다. 그 근거가 무엇입니까? "성
령으로 말미암아 하나님의 사랑이 우리의 마음에 부은 바
됨이니" 바울은 하나님의 사랑에 대해서 이야기하기 시작
합니다. 하나님의 사랑을 이야기하는 이유는 그것이 소망
의 확실성을 보장하기 때문입니다. 하나님의 사랑이 소망
의 근거가 됩니다. 왜 우리가 이 소망 안에서 흔들리지 않
는가 하면 이 소망이 반드시 이루어질 것이라는 확신이 있
기 때문입니다. 그 확신은 무엇에 근거한 것입니까? 하나님
의 사랑에 근거하였습니다. 본문은 하나님의 사랑에 대해

서 어떻게 더 말하고 있습니까?

객관적: 그리스도께서 우리를 위해 죽으심

하나님의 사랑에 대해서 두 가지를 이야기합니다. 하나는 성령으로 말미암아 하나님의 사랑이 우리 마음에 부어졌다는 것이고, 둘째는 우리가 죄인일 때 그리스도께서 우리를 위하여 죽으심으로 하나님께서 우리에 대한 자기의 사랑을 확증하셨다는 것입니다. 이 두 가지는 각각 하나님의 사랑의 주관적 측면과 객관적 측면입니다. 하나님이 우리를 사랑하십니다. 하나님은 우리를 너무 사랑하셔서 어떤 일을 행하셨습니다. 그 사랑은 객관적으로 드러난 것입니다. 내가 인정하든 안 하든, 믿든지 안 믿든지, 받아들이든지 안 받아들이든지 상관없이 거기에 실제로 벌어졌다는 것입니다. 그것이 객관적이라는 말의 뜻입니다. 하나님의 사랑은 먼저 객관적으로, 역사적으로 드러났습니다. 그것이 십자가 사건입니다. 그리스도께서 우리를 위하여 죽으셨습니다. 이것은 사건입니다. 우리 바깥에서 일어난 일입니다. 이론도 아니고 소망사항도 아니고 꾸며낸 이야기가 아닙니다. 역사적으로 십자가 사건이 일어났습니다. 이것이 객관적인 하나님의 사랑의 표현입니다.

주관적: 성령께서 우리 마음에 사랑을 부으심

그렇게 드러난 하나님의 사랑을 우리가 깨닫고 마음으로 받아들이는 측면이 있습니다. 이것이 주관적인 측면입니다. 왜 하나님의 사랑이 드러났는데도 많은 사람이 하나님의 사랑을 모릅니까? 왜 많은 사람들이 하나님을 원망하고 불평하고 그분을 불의한 분으로 여겨서 하늘을 향해 주먹을 휘두릅니까? 인간 역사에 일어난 여러 가지 악들, 숱한 부조리와 모순과 불의들의 책임이 일차적으로 인간에게 있습니다. 그럼에도 불구하고 인간은 하나님을 향하여 삿대질하고 주먹을 휘둘렀습니다. 하나님의 사랑을 몰라서 그렇습니다. 하나님의 사랑을 깨닫기 위해서는 성령의 역사가 필요합니다. 그래서 성령으로 말미암아 하나님의 사랑이 우리 마음에 부어졌습니다. 이것이 하나님의 사랑의 주관적인 측면입니다. 하나님의 사랑이 우리 마음에 부어졌다는 것을 다른 말로 하면 중생 또는 회심의 체험이라고 할 수 있습니다. 성령께서 우리 마음에 역사하셨습니다. 그래서 죽은 우리의 심령이 살아나고, 죽은 마음이 살아나고, 하나님을 향하여 눈이 열리고 귀가 열려서 하나님을 볼 수 있게 되었고 하나님께 반응할 수 있게 되었습니다. 그렇게 하나님을 만날 때, 하나님을 볼 때, 우리는 하나님의 사랑을 알게 되는 것입니다.

바울은 이 성령으로 말미암아 하나님의 사랑이 우리에게 부어진 사건을 로마서 8장에서는 우리가 성령으로 말미암아 하나님을 '아빠, 아버지'라고 부르게 되었다고 말합니다. 성령으로 말미암아 우리가 하나님의 자녀가 되었고, 그 하나님의 사랑을 우리가 알게 되었습니다. 이렇게 하나님의 사랑을 처음 깨닫고 나서 그후로 계속 성령의 충만함을 받으면서 하나님의 사랑을 더 깊이 깨닫고 더 깊이 이해하게 됩니다. 이런 재충전과 재충만의 역사는 반복되어야 합니다. 하나님의 사랑을 한 번 깨달았더라도 얼마든지 그 마음이 다시 강퍅해지고 굳어지고 메마를 수 있습니다.

하나님의 사랑의 이 두 가지 측면을 다시 정리해 봅시다. 예수님이 십자가에서 하나님의 사랑을 증거하신 객관적인 측면과 후에 성령께서 우리 마음에 하나님의 사랑을 깨닫게 해주신 주관적인 측면이 있습니다. 이 둘 중에 어느 것이 더 중요합니까? 둘 다 중요합니다. 그러나 순서상 십자가가 먼저입니다. 십자가의 사랑이 먼저 있고, 그 다음에 성령께서 그 십자가 사랑을 우리에게 깨닫게 해주시는 것입니다. 그래서 우리에게 가장 필요한 것은 십자가를 바라보는 것입니다. 십자가를 묵상하는 것입니다. 십자가에 하나님의 사랑이 있습니다. 그럼에도 불구하고 사람들이 십자가를 보지 않습니다. 십자가를 가리켜 그것은 불의하다, 우리의 죄를 제3자인 예수님에게 덮어씌운 것이다, 쓸데없이 무죄한 사람을 죽여서까지 죄 용서를 복잡하게 만든다, 그냥 용서하면 되지 않느냐 등등 여러 말을 합니다. 십자가의 참 의미를 몰라서 그렇습니다.

십자가에서 드러난 하나님의 사랑

나는 이 두 측면의 하나님의 사랑 가운데 십자가를 중심으로 한 객관적인 측면을 더 강조하고자 합니다. 그렇다면 십자가에서 드러난 하나님의 사랑은 어떤 것인가? 두 가지로 생각해 볼 수 있습니다. 그것은 놀랍도록 엄청난 일입니다. 동시에 그것은 이보다 더 큰 사랑이 없을 만큼 큰 사랑입니다.

그런데 그 놀라운 하나님의 사랑, 그 엄청난 하나님의 사랑을 이해하려면 두 가지를 생각해 볼 필요가 있습니다. 하나님의 사랑의 정도를 측정하려면 그 사랑하는 대상의 가치를 살펴볼 필요가 있습니다. 사랑받을 만한 자격이 있는 자를 사랑하는가 하는 것입니다. 그래서 사랑의 크기는 대상의 가치에 반비례합니다. 무슨 뜻입니까? 사랑의 대상이 사랑받을 자격이 없을수록 그들을 향한 사랑이 더 큰 사랑이 됩니다. 누구든 사랑할 만한 사람을 향해서는 저절로 사랑이 됩니다. 그런데 속 썩이는 자식을 사랑한다면 더 큰 사랑이라고 말할 수 있지 않겠습니까?

또 사랑의 크기는 희생의 가치에 비례합니다. 내가 사랑하기에 무엇을 희생했는지를 보면 됩니다. 그 희생의 가치가 클수록 그 사랑이 큰 것입니다. 여러분 누가 저에게 선물을 합니다. 굉장히 비싼 물건입니다. 그래서 그 물건을 제가 받을 때 '야, 굉장히 정성을 다해서 선물했구나'라고 생각할 수 있을 것입니다. 그런데 저한테 선물한 사람이 큰 부자인데 집에서 쓰지 않는 물건이라고 해서 나한테 주었다고 합시다. 이 물건이 그 사람에게는 그렇게 가치 있는 것이 아니었던 것입니다. 만약 내가 그 사실을 알게 되었다면 고마운 맘이 많이 줄어들 것입니다. 그 사람이 나를 정말 사랑해서 주었다는 느낌이 줄어들 것이기 때문입니다. 희생적인 선물이 아니기 때문입니다. 그런데 만약 자기에게는 없어서는 안 될 정말 귀중한 것을 나에게 주었다면, 저는 그 사람의 사랑을 알 것입니다. "나에게도 귀한 것이지만, 당신을 위해서 이 희생을 기꺼이 감수하고 싶어요." 하나님이 우리를 사랑하셨습니다. 그렇게까지 하나님이 우리를 사랑하신다면, 그런 우리는 어떠한 존재들이겠습니까? 로마서 5장 5-8절을 보면 하나님이 사랑하시는 우리에 대하여 네 가지 묘사가 나옵니다.

연약한 자

첫째, 6절에 "우리는 연약한 자였다"라는 표현이 나옵니다. "우리가 아직 연약할 때" '연약하다'는 말은 우리 스스로는 구원을 이루지 못하는 존재들이라는 뜻입니다. 한마디로 'powerless'입니다. 또 다른 말로 'helpless', 'hopeless'의 상태입니다. 우리에게는 조금이라도 구원받는 데 기여할 여지가 있고 가치가 있어서 내놓을 만한 것이 전혀 없고, 전적으로 하나님의 긍휼과 자비에만 의존해야 하는 존재들입니다. 스스로는 아무것도 할 수 없는 연약한 존재들입니다.

경건치 않은 자

둘째, 6절은 우리 인간을 이렇게 말합니다. "우리가 아직 연약할 때에 기약대로 그리스도께서 경건치 않은 자를 위하여 죽으셨도다." 우리는 경건치 않은 자들이었습니다. 경건이 무슨 뜻입니까? 경건이란 범사에 하나님을 인정하고 하나님을 기쁘시게 하고자 하는 태도를 말합니다. 항상 하나님을 인정하고, 하나님을 기쁘시게 하려는 태도가 경건입니다. 그렇다면 경건치 않다는 말은 무슨 말입니까? 그것은 범사에 하나님을 무시하는 것입니다. 하나님이 없는 것처럼 행동하고, 하나님 앞에서 방자히 행하는 것이 불경건입니다. 로마서 1장 18절은 말합니다. "하나님의 진노가 불의로 진리를 막는 사람들의 모든 경건치 않음과 불의에 대하여 하늘로 좇아 나타나나니" 경건치 않은 자에 대하여 하나님의 진노가 나타나고 있다고 말하고 있습니다. 그건 우리가 하나님의 사랑의 대상이 아니라는 뜻입니다. 좀더 정확히 말하면 우리 인간은 하나님의 진노의 대상입니다. 그런데 하나님이 우리를 품으셨고 사랑하셨습니다.

죄인

셋째, 8절에 "우리가 아직 죄인되었을 때에"라고 표현합니다. 우리가 죄인이었습니다. 하나님의 법을 어긴 자들, 하나님께 불순종한 자들이었습니다.

원수

10절에 보면 우리를 '원수'라고 말합니다. 원수된 자들이 었습니다. 하나님이 우리를 사랑하신다는 것은 원수를 사랑하시는 일입니다. 우리는 단순히 죄의 피해자가 아니고, 죄라는 질병을 앓고 있는 치료가 필요한 자들입니다. 한 걸음 더 나아가 우리는 무기를 내려놓고 하나님께 항복해야 할 반역자들입니다. 하나님의 원수입니다. 하나님을 미워했고, 하나님을 대적했고, 하나님과 더불어 싸우고자 했던 자들입니다. 그것이 우리의 실상입니다. 혹시 부인하거나 표현이 적절하지 않다고 반박하실 분 있습니까? 우리는 연약한 자들이었고, 경건치 않은 자들이었고, 죄인이었고, 하나님과 원수된 자들이었습니다. 그런데 하나님께서 우리를 사랑하셨습니다. 사랑하셔서 무슨 일을 하셨습니까?

하나님은 십자가에서 사랑을 확증하셨다

하나님의 사랑은 단순히 하나님 안에 있는 어떤 감정이나 우리를 대하는 태도에 그치지 않습니다. 하나님은 단순히 감정만 가진 분이 아니라 그 사랑을 행동으로 옮기신 분입니다. 그분이 사랑 때문에 하신 일이 바로 십자가입니다. 그것은 하나님께서 우리에게 아들을 주신 사건입니다. 독생자를 주셨습니다. 그리스도께서 우리를 위하여 죽으신 것입니다. 그럼으로써 하나님께서 우리에게 대한 자기의 사랑을 확증하셨습니다. "확증하다"는 영어로 "demonstrate"입니다 하나님이 우리 앞에서 시위하신다는 뜻입니다. 제발 좀 당신의 사랑을 보라고 하십니다. 그런데 존 스토트 목사님은 이 시위라는 단어로는 약하다고 지적합니다. 차라리 "prove"(증명하다)가 더 낫다고 하십니다. 하나님께서 우리에게 대한 자신의 사랑을 십자가를 통하여 증명하셨다는 것입니다. 하나님의 사랑의 증거가 십자가인 것입니다. 우리는 자기 아들을 아끼지 않고 내어주신 하나님의 이 사랑을 깊이 깨달아야 합니다.

I Love You, Son

내가 오래 전에 칼럼에 어딘가에서 인용하여 썼던 글을 다시 소개합니다. 'I love you, son'이라는 글입니다. 미국에서 있었던 일입니다. 아주 인기 있는 목사님, 언제나 성도들에게 은혜로운 설교를 하시는 한 젊은 목사님이 주일 저녁 예배를 잘 인도하고 나서 어떤 노인 한 분을 소개합니다. "제가 여러분에 꼭 소개하고 싶은 어른이 한 분 계십니다." 그 노인이 교인들 앞에 나와서 이야기하기 시작합니다. 오래 전에 내 아들과 내 아들의 친구와 함께 바다낚시를 갔었는데, 갑자기 풍랑이 몰아치고 보트가 뒤집어져서 큰일 날 뻔했습니다. 파도가 치고 바람이 거세게 부는 바람에 아들과 아들의 친구는 그만 물에 빠지고 말았습니다. 둘이 물속에 잠겨가는 순간이었습니다. 이 노인은 순간적으로 판단하여 둘 중 하나를 구해야 했습니다. 노인은 말합니다. "내 아들은 예수님을 믿고 있었고, 아들의 친구는 아직 예수님을 모르는 아이였습니다. 그런데 보트 안에 구명대가 하나밖에 없었습니다. 그래서 길게 생각할 겨를도 없이 찰나의 순간에 아들을 이렇게 향해서 소리쳤습니다. 'I love you son.' 이렇게 큰 소리로 외친 후 구명대는 그 아들 친구에게 던졌습니다. 아들은 순식간에 물속으로 사라졌고, 아들의 친구는 구명대를 붙잡고 살아나올 수 있었답니다." 그리고 나서 할아버지는 이렇게 마무리합니다. "오늘 설교하신 목사님이 바로 그 제 아들의 친구입니다." 할아버지의 말씀이 끝나자 뒤에서 목사님이 걸어 나오셨습니다. 두 사람이 서로를 안고 펑펑 울기 시작했습니다. 온 교인들이 다 같이 울었습니다.

왜 하나님이라고 아들을 포기하는 일이 쉬웠겠습니까? 그것은 당연한 일이 아닙니다. 우리 같으면 아들을 포기할 수 있겠습니까? 내 아들은 죽도록 내버려두고 다른 이에게 대신 구명대를 던질 수 있습니까? 우리는 죄인이었고, 경건치 않은 자였고, 원수된 자였습니다. 하나님께서는 그런 우리를 위해 아들을 포기하신 것입니다. 그 아들을 주신 것입니다. 이것이 하나님의 사랑입니다. 로이드 존스 목사님은 이렇게 말씀하셨습니다: "역사상 가장 뛰어난 훌륭한 성자들은 하나님의 사랑을 가장 깊이 깨달은 분들이다." 우리가 어떻게 변화될 수 있습니까? 우리가 어떻게 거룩해질 수 있습니까? 길은 하나밖에 없습니다. 하나님의 사랑을 깨닫는 것입니다. 그때부터 우리는 변화됩니다. 이 사랑은 이론도, 꾸며낸 이야기도 아닙니다. 십자가에서 증명된 객관적인 사건입니다. 십자가를 바라보십시오. 그 십자가에서 하나님의 거룩하심과 하나님의 사랑을 깊이 깨닫기를 간절히 바랍니다.

8장 | 십자가의 핵심

"하나님이 죄를 알지도 못하신 자로 우리를 대신하여 죄를 삼으신 것은 우리로 하여금 저의 안에서 하나님의 의가 되게 하려 하심이니라"(고후 5:21).

"그리스도께서 우리를 위하여 저주를 받은 바 되사 율법의 저주에서 우리를 속량하셨으니 기록된 바 나무에 달린 자마다 저주 아래 있는 자라 하였음이라"(갈 3:13).

우리는 지금까지 죄와 하나님의 진노, 하나님의 사랑에 대해서 함께 묵상해왔습니다. 이 모든 내용은 십자가의 의미를 깨닫기 위해 필요한 것들이었습니다. 인간의 가장 큰 문제는 죄와 그에 대한 하나님의 진노입니다. 하지만 하나님은 인간을 너무나 사랑하셔서 인간을 그 죄와 하나님의 진노로부터 건지시기를 원하셨습니다. 여기에 하나님의 딜레마가 있습니다. 하나님의 공의의 성품으로는 마땅히 죄인을 심판하셔야 합니다. 그러나 사랑의 성품으로는 그 죄인을 어떻게 해서든지 건져내기를 원하십니다. 이 문제를 알지 못하니 십자가를 이해하기 어려운 것입니다. 그래서 왜 그냥 용서하시면 안 되느냐, 모든 것을 복잡하게 하느냐, 라고 묻는 것입니다.

하나님의 딜레마

왜 십자가에서 고통당하시는가?

베트남 스님이신데 지금은 프랑스에서 활동하는 틱낫한 이라는 스님이 있습니다. 세계적으로 존경받는 종교 지도 자입니다. 이분은 기독교에 대해서 상당히 우호적입니다. 그는 종종 "내가 가장 존경하는 스승이 두 분 계신다. 한 분은 부처님이고, 또 다른 한 분은 그리스도다."라는 말을 하곤 합니다. 스님이 그런 말을 하니까 저도 깜짝 놀랐습 니다. 그래서 그분의 글을 관심 있게 읽어 보았습니다. 토 마스 머튼(Thomas Merton)이라고 하는 유명한 천주교의 영성 지도자가 있었습니다. 그 토마스 머튼의 '컨템플레이 션'(contemplation)이라는 책이 있는데, 그 책의 서문을 틱낫한 스님이 썼습니다. 그래서 불교의 참선과 천주교가 실행하는 관상기도 사이에 공통점이 많은 것을 지적했습니 다. 물론 저는 그 점에 동의하지 않습니다. 그런데 이 틱낙

한 스님의 글에 이런 내용이 있습니다. 자신은 그리스도를 무척 존경하지만 십자가에 달려 고통당하시는 그리스도의 모습을 보기가 너무 힘들다는 것입니다. 부처님은 연꽃 위에, 로터스 꽃잎 위에 앉아서 편안하고 자비로운 웃음을 띠고 계시지 않는가? 왜 그리스도는 십자가에서 그렇게 아픔과 고통과 비참한 모습으로 계셔야 하는가? 그래서 그리스도께서 십자가에서 내려오셔서 편안하게 계셨으면 좋겠다고 말합니다. 아마 대다수 사람들의 공통적인 심정이 아닐까 싶습니다. 혹시 우리 가운데도 그렇게 느끼시는 분은 없습니까? 왜 예수님은 저렇게 십자가에 달려 고통을 당하시는 걸까? 왜 기독교인들은 예수님을 십자가에 매달아 놓고 그 아픔, 고통, 그 비참한 상태에 있는 그 모습을 보면서 즐거워할까?

십자가에 대한 오해

인간 중심으로 십자가를 보면 그렇게 생각할 수 있습니다. 십자가가 하나님의 사랑을 가르쳐 주기 위한 영웅적, 희생적 죽음이라면 정말 꼭 십자가를 가르치셔야 했을까요? 다른 방법도 있지 않을까? 십자가가 우리로 하여금 예수님을 본받게 하기 위해서 본을 보이는 죽음이라면 그렇게까지 하실 필요가 있었을까? 다만 우리더러 이렇게 살라, 저렇게 살라고 가르치는 것으로 충분하지 않을까? 이런 생각을 할 수 있습니다. 십자가는 하나님의 사랑을 보여준 위대한 증거입니다. 그것을 부인하는 것은 아닙니다. 십자가를 바라볼 때 큰 감동을 받습니다. 또 십자가는 마땅히 우리가 가야 할 길과 살아야 할 삶의 모범을 보여주는 것도 사실입니다. 십자가를 바라보면서 '주님이 저 고통을 다 당하셨으니 나는 고통 없는 자유롭고 편안한 삶을 살면 되겠군.'이라고 생각하는 것은 제자의 마음이 아닙니다. '나도 예수님을 본받아 그 길을 걸어야겠다'라고 하는 것이 제자의 마음입니다.

그러나 십자가의 핵심 혹은 진정한 의미는 여기에 있지 않습니다. 십자가를 우리를 위해서 존재하는 그 무엇이라고 하는 인간의 관점에서 본다면, 부처님처럼 편안한 모습으로 가르침을 주는 것이 더 큰 교육적인 효과가 있다고 할 수 있을 것입니다. 하지만 십자가의 일차적인 의미는 우리를 위한 것이 아니라는 사실을 꼭 기억해야 합니다. 십자가는 일차적으로 하나님을 위한 일입니다. 십자가는 하나님이 요구하시는 것입니다. 십자가는 우리에게 하나님의 사랑을 전달하거나 우리에게 본을 보이는 일이기 전에 하나님을 향해서 행하는 어떤 일입니다. 십자가에 달리신 그리스도께서 하나님을 향해서 어떤 일을 하셨습니다. 더 정확히 말하면, 하나님께서 자기 자신을 위해서 그 일을 하셨습니다. 십자가에 달리신 그리스도 안에서 하나님은 자신의 공의의 성품을 만족시키셨습니다. 그래서 십자가를 바라볼 때 일차적으로 생각해야 할 것은 왜 하나님은 십자가를 요구하셨는가, 하는 것입니다.

십자가에서 도대체 어떤 일이 일어났습니까? 인간 중심으로 보지 말고 하나님이 십자가를 요구하셨다는 사실과 하나님에게 십자가가 꼭 필요했다는 사실을 먼저 기억해야 합니다. 우리는 십자가에서 우리 아픔을 대신 겪으신 그 그리스도, 그리고 십자가에서 내가 죽어야 할 죽음을 대신 죽으신 그 그리스도를 바라보고 사랑하는 것입니다. 부처님은 훌륭한 스승입니다. 그러나 부처님은 우리를 대신해서 아무 일도 하지 않았습니다. 공자님도 훌륭한 스승입니다. 그러나 우리를 대신해서 어떤 일을 하지 않았습니다. 예수님은 단지 우리에게 길을 보여주시려고 오신 분이 아닙니다. 우리를 하나님 앞으로 인도하기 위해서, 자신이 길이 되기 위해서 오셨습니다.

진노하시는 아버지를 달래기 위해 돌아가셨다?

십자가에 대한 오해가 많습니다. 십자가를 더 깊이 묵상하기 전에 십자가에 대한 핵심적인 몇 가지 오해를 풀고 시작해야 합니다. 첫째는 하나님은 우리의 죄에 대해 진노하시지만 그리스도께서는 우리를 너무 사랑하셔서 우리 대신 십자가를 지셨다고 하는 관점입니다. 이것은 오해입니다. 하나님은 단지 우리를 향하여 진노하고 계시고 우리 죄를 미워하시는데, 그리스도 예수께서 그 사이에 끼어 "아버지, 저들의 죄를 저에게 돌리십시오."라고 말씀하신 것이 아닙니다. 예수님이 하나님의 화를 풀어주었다는 것은 오해입니다. 그렇지 않습니다. 하나님은 우리를 너무나 사랑하십니다. 물론 하나님은 우리의 죄를 향해서는 진노하십니다. 하나님의 거룩하신 성품 때문에 어쩔 수 없습니다. 그러나 하나님은 우리를 사랑하십니다. 하나님이 우리를 사랑하시고 그리스도께서도 우리를 사랑하셨습니다.

원치 않는 아들에게 억지로 십자가를 지게 하셨다?

둘째 오해는 첫째 오해와 반대되는 주장을 합니다. 그리스도께서 원치 않으셨지만, 하나님께서 명령하시니 어쩔 수 없이 십자가를 지셨다는 오해입니다. 그러면 십자가는 예수님이 억울하게 죽은 사건이 됩니다. 하지만 그렇지 않습니다. 하나님이 우리를 사랑하셔서 아들을 내어 주셨지만 그 아들 예수님 역시 우리를 사랑하셔서 기꺼이 자신을 희생하셨습니다. 그래서 십자가에서 하나님과 우리 예수 그리스도는 완전히 하나가 되셨습니다. 처음부터 끝까지 하나이셨습니다. 사랑과 공의의 마음, 우리를 구원하고자 하는 마음에서 두 분은 처음부터 끝까지 한마음이었습니다.

엉뚱한 제 3자를 희생시키셨다?

셋째 오해는 하나님이 죄인인 우리를 두고 엉뚱하게 제3자를 희생시키셨다는 것입니다. 우리의 죄를 당사자가 아닌 엉뚱한 예수 그리스도에게 전가시키신 사건이 십자가라는 것입니다. 그래서 기독교는 옳지 않고 도리어 불의하다는 식으로 가르치기도 합니다. 그런데 그리스도가 제3자라면 십자가는 정말 불의한 일이 될 것입니다. 그런데 성경은 그렇게 말하지 않습니다. 성경은 하나님께서 당신의 진노를 그리스도 안에서 당신 자신이 받으셨다고 말합니다. 그리스도는 제3자가 아닙니다. 그리스도는 하나님 자신입니다.

삼위일체가 함께 이루신 일

여기에 삼위일체의 신비가 있습니다. 성부 하나님과 성자 예수님은 서로 다른 두 위격이지만 한 분 하나님이십니다. 그래서 성부 하나님께서도 십자가를 지신 것이 됩니다. 물론 이 말은 성부 하나님 아버지께서 직접 십자가를 지셨다는 말은 아닙니다. 그러나 그리스도 안에서 삼위 하나님이 함께 행하신 일입니다. 그래서 그리스도를 제3자로만 보는 시각은 옳지 않습니다. 십자가의 신비는 하나님께서 그것을 요구하시고 준비하셨다는 데 있습니다. 요구하신 분과 십자가를 지신 분을 따로 구분할 수는 있어도 분리할 수는 없습니다. 요구하신 분이 스스로 십자가를 지기도 하신 것입니다.

십자가의 핵심

이제 우리는 십자가에 대한 이런 오해를 다 불식시키고 십자가의 참 의미를 살펴보려고 합니다. 십자가는 하나님께서 당신의 공의 때문에 요구하셨고, 당신의 사랑 때문에 스스로 지신 희생의 죽음이었습니다. 아버지가 우리를 사랑하사 아들을 주신 사건이고, 아들이 기쁨으로 아버지의 뜻에 순종하신 사건입니다. 하나님은 그리스도 안에서 자기 자신을 주셨고, 십자가에서 아버지와 아들은 온전히 하나가 되셨습니다. 이것이 십자가의 핵심적인 가르침입니다. 이제 이 십자가의 가르침을 좀더 자세하게 풀어서 설명해보려고 합니다.

그렇다면 십자가의 핵심은 무엇입니까? 십자가는 하나님 사랑의 시위라고 했습니다. 또 십자가는 우리에게 본을 보이신 모범도 된다고 했습니다. 둘 다 맞지만, 그것이 십자가의 핵심은 아닙니다. 십자가의 핵심은 그리스도께서 우리를 "대신해서" 죽으셨다는 데 있습니다. 제가 오늘 가장 강조할 단어는 이 '대신'이라는 말입니다. 그리스도께서 우리를 대신해서 죽으신 것, 그것이 십자가의 핵심입니다.

여러분, 기독교의 중심은 무엇입니까? 기독교의 중심은 십자가입니다. 그런데 그 십자가의 본질, 십자가의 핵심은 그리스도께서 우리를 대신해서 죽으셨다는 진리입니다. 오늘 본문 고린도후서 5장 21절과 갈라디아서 3장 13절을 차례대로 보면서 십자가의 핵심에 대해 살펴보겠습니다.

고린도후서 5:21

먼저 고린도후서 5장 21절입니다.

"하나님이 죄를 알지도 못하신 자로 우리를 대신하여 죄를 삼으신 것은 우리로 하여금 저의 안에서 하나님의 의가 되게 하려 하심이니라"(고후 5:21).

하나님이 독생하신 아들 예수 그리스도를 우리를 대신하여 죄로 삼으셨습니다. 여기 그리스도는 죄를 알지도 못하시는 분이라고 묘사하고 있습니다. 십자가는 주님께서 죄 때문에 죽으신 사건입니다. 죄가 없었다면 십자가도 필요 없었을 것입니다. 그러나 예수님은 죄 때문에 죽으셨지만, 주님 자신의 죄 때문에 돌아가신 것은 아니었습니다. 주님이 십자가를 지신 이유는 우리의 죄 때문입니다. 이 사실을 바울은 처음에 이해하지 못했습니다. 최초에 이제 그리스도인들의 모임인 교회가 예루살렘에서 탄생합니다. 교회가 탄생하고 그리스도인들이 복음을 전하기 시작합니다. 그리스도인들이 전한 복음은 십자가에 달리신 예수님이 하나님의 아들이요 메시아 구세주라는 것이었습니다.

사도들이 전한 십자가 복음에 분노한 사람 중 하나가 사울(바울)입니다. 바울은 유대 신학자였습니다. 바리새파 출신의 율법학자로서 구약에 정통했습니다. 왜 십자가에 달린 메시아라는 것이 그에게 걸림돌이 되었습니까? 갈라디아서 3장 13절에 그 이유가 나옵니다. "기록된 바 나무에 달린 자마다 저주 아래 있는 자라 하였음이라." 신명기에 나오는 말씀입니다. 바울은 나무에 달린 자는 저주받은 자라는 율법을 알고 있었습니다. 그리스도께서 여러 죽음의 형태를 취하실 수 있었는데, 왜 하필 십자가였을까, 라는 질문을 할 수 있습니다. 참수형이나 투석형도 가능했는데, 왜 하필이면 십자가냐 하는 것입니다. 그런데 여기에는 깊은 의미가 있었습니다. 신약의 저자들은 이 십자가를 한결같이 십자가 대신에 "나무"라고 부릅니다. 나무에 달려 죽었다고 표현하고 있습니다. 그 말은 무슨 말입니까? 그가 저주받아 죽었다는 것을 표현하는 말입니다. 나무에 달려 죽은 자는 저주받은 자라고 신명기에서 말하고 있기 때문입니다.

바울은 만약 예수님이 나무에 달려서 하나님의 저주를 받고 죽으셨다면, 저주받아 죽은 사람을 메시아나 구세주나 하나님의 아들이라고 부르는 것만큼 신성모독의 죄는 없을 것이라고 생각했습니다. 그래서 그는 분노했고, 예수 믿는 자들을 증오하여 그들을 잡아 옥에 가두려고 했던 것입니다. 예루살렘에서 그리스도인들을 향한 대대적인 핍박이 일어났을 때, 바울은 예루살렘에 만족하지 않고 다메섹까지 갔던 것입니다. 하나님이 저주하신 자를 하나님의 아들 메시아라고 부르는 이 이단들을 가만둘 수 없었던 것입니다.

다메섹으로 가던 중 여정이 거의 끝나갈 무렵 바울 앞에 부활하신 예수님이 나타나셨습니다. 이 사건은 바울을 큰 혼돈 속으로 몰아넣었습니다. 그는 사흘 동안 아무 것도 보지 못하고 금식하면서 지냈습니다. 그 사흘 동안 바울의 내면에 매우 의미심장한 변화가 일어났습니다. 그 시간은 바울이라는 새로운 신학자가 탄생하는 순간이었습니다. 기존의 관점을 다 바꾸고 뒤집고 뒤엎을 만큼 복음에 대해 새롭게 깨닫는 시간이었습니다. 바울의 논리는 간단합니다. 부활은 하나님이 예수님 편을 들어주신 사건이었습니다. 하나님이 예수님을 의롭다고 인정하신 사건입니다. 그래서 예수님의 부활을 목격한 바울은 이제 십자가에서 달려 죽은 예수님은 죄인이 아니라 의인이라는 결론에 이릅니다. 그렇다면 십자가는 어떤 사건이 되는 것입니까? 예수님이 십자가에서 죽으신 것이 예수님 자신의 죄 때문이 아니라면 누구의 죄 때문입니까? 바울은 바로 자신의 죄 때문에 돌아가신 것을 깨달았습니다. 예수님의 십자가는 죄의 형벌을 당하신 사건입니다. 하나님의 저주를 받으신 사건입니다. 그러나 죄를 알지도 못하신 예수님의 죄 때문이 아니었다는 사실을 깨닫는 순간 유대 신학자 바울이 그리스도의 사도로 변했습니다. 그래서 그 복음을 전하기 위해서 자신의 남은 모든 생애를 불살랐던 것입니다.

하나님께서 죄를 알지도 못한 자로 우리를 대신하여 죄로 삼으셨습니다. 인류 역사상 단 한 사람 죄인이 아니었던 분이 예수님이었습니다. 그 주님이 십자가에서 죽으셨습니다. 하나님께서 그리스도를 우리를 대신하여 죄를 삼으셨다는 표현이 나옵니다. 그것은 그리스도를 죄인으로 삼으셨다는 뜻입니다. 죄로 삼으셨다는 말은 우리가 죄인인데 죄인인 우리 대신 그리스도를 죄인으로 삼아서 십자가에 못 박으셨다는 말입니다. 이것 이상으로 "대신"의 개념을 확실하게 보여주는 말씀이 있을 수 있을까요? 죄인인 우리를 대신해서 예수님을 죄인이 되게 하셨습니다. 이를 통해 우리로 하여금 그리스도 안에서 하나님의 의가 되게 하기 위해서입니다. 그리스도께서 우리를 대신해서 죄가 되었다면 우리는 이제 그리스도 안에서 하나님의 의가 되는 것입니다. 이 진리가 분명히 보이십니까? 그리스도께서 우리를 대신하여 죽으셨습니다. 이 문장의 주어는 하나님입니다. 하나님께서 그렇게 하셨습니다.

갈라디아서 3:13

이제 갈라디아서 3장 13절을 또 한 번 보겠습니다.

"그리스도께서 우리를 위하여 저주를 받은 바 되사 율법의 저주에서 우리를 속량하셨으니 기록된 바 나무에 달린 자마다 저주 아래 있는 자라 하였음이라"(갈 3:13).

바울이 이 말을 하고 있는 갈라디아서의 문맥은 복에 대한 것입니다. 아이러니하지요? 지금 저주 이야기가 나왔습니다. 그런데 실상은 복에 대한 이야기를 하려는 것입니다. 바울은 하나님께서 아브라함에게 복음을 전하셨다고 말합니다. 하나님께서 아브라함에게 복음을 전하신 내용은 무엇이냐 하면 '땅의 모든 민족이 너로 말미암아 복을 얻게 하리라' 하는 것입니다. 따라서 아브라함은 믿음의 조상이자 복의 조상인 것입니다. 그런데 이방인들은 아브라함의 육신적 혈통이 아닙니다. 그렇지요? 그러니까 이방인입니다. 그런데 이 이방인들이 믿음으로 말미암아 아브라함의 복에 동참하게 되었습니다. 우리는 아브라함의 후손입니다. 육체적으로 그렇다는 것이 아닙니다. 믿음 안에서 그리고 궁극적으로 우리는 아브라함의 후손입니다. 이방인들이 믿음으로 말미암아 아브라함의 영적 후손이 되어 아브라함이 받은 그 복을 누리게 된 것이 복음이라고 바울은 설명합니다.

복과 저주

그렇다면 아브라함의 복이 무엇이며 그 복이 어떻게 이방인들에게, 믿음의 후손들에게 주어집니까? 그 대답을 하는 가운데 이 13절 말씀을 하고 있습니다. 신명기 28장은 성경에서 가장 유명한 몇 장 가운데 하나입니다. 신명기는 전체가 율법입니다. 하나님이 신명기 앞부분에서부터 율법을 모세를 통하여 말씀하셨습니다. 그러고 나서 28장이 등장합니다. 28장에서는 율법의 순종 여부를 놓고 하나님께서 우리에게 상과 벌을 말씀하시고 있습니다. 하나님께서 우리가 집에 있을 때나 나갈 때 복을 주시고, 우리 떡 광주리 그릇에도 복을 주시고, 외양간에도 복을 주시고, 우리가 하는 모든 일에 복을 주시겠다고 하십니다. 14절까지는 복을 약속하십니다. 그런데 그 다음부터 거의 복의 4배 가까이 저주를 말합니다. 성경을 읽으면서 이렇게 혹독한 내용이 담겨 있다는 사실에 소스라치게 놀랄 정도입니다. 그 많은 저주의 경고는 앞부분에 하신 복의 약속을 다 잊게 만들 정도입니다. 그러나 우리가 율법을 지켜 행하지 못하면 어떻게 됩니까? 저주를 받게 됩니다. 그리고 그것은 너무 무서운 저주입니다. 율법에 순종하면 복을 받고 불순종하면 저주는 받는 것, 이것이 하나님의 법이요, 하나님의 공의입니다.

그런데 문제는 무엇입니까? 우리가 다 율법을 잘 지켜서 복을 받을 수 있는 사람들이 아니라는 데 있습니다. 우리가 다 율법을 어겼습니다. 우리는 하나님의 법에 불순종했습니다. 바울은 로마서 2장에서 율법 없는 이방인에게는 그 본성이 율법이 된다고 했습니다. 양심을 가리키는 말입니다. 그래서 꼭 유대인만이 아니라 모든 사람에게 다 해당되는 말씀입니다.

어떤 사람들은 이렇게 반론할 수 있습니다. '율법을 모르는 사람들은 어떻게 하는가?' 율법에 대해서 들어본 적도 없고 성경을 읽어본 적도 없는 사람들은 어떻게 반응합니까? 그렇습니다. 하나님께서 율법을 들어본 적도 없는 사람에게 율법의 기준을 적용하지 않으십니다. 하나님께서 우리를 심판하실 때 우리가 몰랐던 내용에 대해서는 심판하지 않고, 우리가 알면서 저지른 죄에 대해서만 심판하십니다. 그런데 성경은 무엇을 증거합니까? 어떤 사람도 자기 양심대로 살지 못했다고 합니다. 하나님의 말씀을 몰랐다고 해도 괜찮습니다. 그렇다면 하나님께서 그들의 마음에 새겨 주신 율법과 그 본성 안에 주신 양심을 좇아서 바르게 살아야 합니다.

공정한 하나님의 심판

하나님께서 세상을 심판하실 때, 불공평하고 억울하게 심판하실까봐 항의하는 사람들이 많습니다. "예수님에 대해서 들어본 적도 없는 사람은 어떻게 합니까?" "율법을 몰랐던 사람들은 어떻게 합니까?" 하나님은 사람들이 예수님을 믿지 않았다는 것 하나로 지옥에 보내시지는 않습니다. 그들이 율법을 몰랐다는 것을 가지고 책망하지도 않으십니다. 하나님께서 심판하시고 책망하시는 것은 그들이 알면서도 저지른 죄 때문입니다. 우리의 문제는 무엇입니까? 우리가 몰랐던 것을 내가 범했는지 어떻게 압니까? 우리의 양심이 괴롭고 하나님 앞에서 죄책감에 시달리는 이유는 무엇입니까? 내가 몰랐던 어떤 내용 때문이 아닙니다. 내가 알았던 내용 때문입니다. 어떤 사람들은, 옳고 그름에 더 민감한 사람들은, 남을 잘 판단하는 도덕주의자들이 되기 쉽습니다. 그러나 실상을 따져 보면 옳고 그름에 민감한 사람일수록 그들의 양심은 괴롭습니다. 내가 옳다고 하는 것을 내가 먼저 번번이 어기는 것을 보기 때문입니다. 여러분의 실상은 어떻습니까? 여러분이 옳다고 생각하는 것을 다 지키고 삽니까? 저는 그렇지 않습니다. 저는 제가 남을 판단하는 것으로 제 자신을 판단하고 있다는 사실을 늘 느낍니다. 또한 저는 제가 옳다고 하는 것을 내가 먼저 잘 지키지 못하는 문제가 저에게는 있습니다. 그래서 모든 인간이 율법의 저주 아래 있다고 할 수 있습니다.

유대인-율법, 이방인-양심

그런데 여기서 "그리스도께서 우리를 위하여 저주를 받은 바 되사"라고 번역했는데, 이것은 사실 고린도후서 5장 21절과 같은 표현입니다. 거기서는 "그리스도께서 우리를 위하여 저주가 되사"라고 되어 있습니다. 좀전에 "하나님께서 그리스도를 죄로 삼으셨다."라고도 했습니다. 여기서 '그리스도께서 우리를 위하여 저주가 되사'를 풀어서 설명하면 "우리를 위하여 저주를 받으셨다"입니다. 하나님께서 율법을 범한 유대인들에게는 성문화된 구약에 적혀 있는 율법을 따라 심판하시고, 이방인에게는 마음에 새겨진 율법, 그들의 본성, 혹은 그들의 양심을 따라서 진노하십니다. 그런데 우리가 받아야 할 그 저주를 그리스도께서 받으셨습니다. 우리가 아브라함의 복을 받게 하려고 그렇게 하셨습니다. 내가 받아야 할 저주를 그리스도께서 받으셨기에, 이제 내가 복을 받게 된 것입니다.

이것이 위의 두 구절이 의미하는 바입니다. 여러분, '대신'이라는 의미를 심각하게 생각해 봅시다. 그리스도는 단지 '나를 위해서' 돌아가신 것만이 아니고, '나를 대신하여' 돌아가셨습니다. 이 점을 여러분이 분명히 이해하길 바랍니다. 많은 사람들이 주님이 나를 위해서 죽으신 차원까지만 깨닫습니다. 주님이 나를 위해서 죽으신 것은 사실이지만 그 죽음의 핵심은 나를 대신하는 죽음이라는 데 있습니다. 단지 그리스도의 죽음으로 유익을 얻는 것이 아니고 그리스도 안에서 내 자신이 죽어야 합니다. 고린도후서 5장 14절에 이런 말씀이 있습니다. "그리스도의 사랑이 우리를 강권하시는도다. 우리가 생각하건대 한 사람이 모든 사람을 대신하여 죽었은즉 모든 사람이 죽은 것이라." 갈라디아서 2장 20절에서도 "내가 그리스도와 함께 십자가에 못 박혔나니"라고 하여 내가 죽었다고 합니다. 그리스도 안에서 말입니다. 로마서 6장 6-7절은 말합니다. "우리가 알거니와 우리 옛 사람이 예수와 함께 십자가에 못 박힌 것은 죄의 몸이 멸하여 다시는 우리가 죄에게 종 노릇 하지 아니하려 함이니 이는 죽은 자가 죄에서 벗어나 의롭다 하심을 얻었음이니라." 우리 옛 사람이 예수와 함께 십자가에 못 박힌 것은 그리스도 안에서 우리는 그리스도와 함께 죽었다는 뜻입니다.

미우라 아야꼬의 소설 설령에서 말하는 '희생'

이 "대신"의 의미를 설명하기 위해서 예를 하나 들겠습니다. 일본 기독교 작가 미우라 아야꼬를 아시는지요? 이분이 쓴 책 중에 '설령'이라는 책이 있습니다. 읽을 때마다 감동을 느낍니다. 또 〈설령〉은 영화로도 만들어졌습니다. 나가노 노부오라는 사람은 사무라이의 아들입니다. 그런데 자기 아버지가 기독교인인 어머니랑 결혼하셨습니다. 그래서 시어머니인 할머니가 며느리를 받아들이지 않습니다. 그래서 시어머니가 살아계시는 동안 이 어머니가 따로 삽니다. 할머니가 돌아가시자 어머니와 여동생이 같이 살게 되었습니다. 나가노 노부오는 처음에는 어머니와 여동생을 좋아하지 않았습니다. 그런데 점점 알아가면 알아갈수록 어머니와 여동생에게 감화를 받기 시작하는데, 그 비결은 바로 어머니와 여동생이 갖고 있던 기독교 신앙 덕분이었습니다. 사무라이 정신을 배운 나가노 노부오에게 이 기독교는 나약한 것으로 보였습니다. 그래서 계속 거부했습니다. 그런데 재미있는 것은 자기 친구의 여동생과 사귀게 되는데, 그 친구의 여동생도 기독교인이었던 것입니다. 이제 자기가 가장 사랑하는 여인들이 모두 기독교인들입니다. 그래서 결국 나가노 노부오가 예수님을 믿게 됩니다. 예수님을 믿고 난 이후에 이 나가노 노부오의 마음에는 샘솟는 기쁨이 있었습니다. 그 장면을 미우라 아야꼬씨가 얼마나 잘 묘사했던지, 저는 '이것이 기독교인인데, 이게 진짜 신앙인데, 이분을 사로잡고 있는 감동, 이 기쁨, 감격이 나에겐 이렇게 약할까?' 스스로 자책도 많이 했습니다.

그러던 어느 날이었습니다. 실화입니다. 일본의 북쪽 홋카이도에서 일어난 일입니다. 이분의 특징이 무엇이냐 하면 평소에 유서를 써서 주머니에 넣고 다녔다는 것입니다. 항상 죽을 준비를 하고 있었던 것입니다. 그런데 시오카리라는 언덕을 넘어가는 기차를 타고 가는 중에 언덕을 넘어서 기차가 내려가는데 브레이크가 고장난 것입니다. 그래서 기차가 갈수록 속력이 붙습니다. 가속도가 붙기 시작하는 것입니다. 그러자 철도원으로 일하고 있었던 나가노 노부오는 즉각 사태를 알아차립니다. 아주 찰나였습니다. 조금만 더 지체하면 그때는 어떤 수를 써도 기차를 막을 수 없다는 것을 알았습니다. 지금은 막을 수가 있습니다. 어떻게? 자기 몸을 기차 밑으로 던지면 된다는 것을 그는 알았습니다. 아직 속도가 빠르지 않을 때 자기 몸을 기차 바퀴 속에 던지면 자기 몸을 기차가 넘어가지 못하고 설 것이라고 판단했습니다. 그 생각을 한 순간 나가노 노부오가 뛰어내려서 기차를 막습니다. 기차 밑으로 들어간 것입니다. 사람들이 조금 불안해하기 시작했던 때입니다. 왜 기차가 빨라지나 생각했던 때입니다. 갑자기 덜컹하더니 끼익하는 소리와 함께 기차가 멎었습니다. 사람들은 사태를 알아차렸습니다. 누군가 대신해서 죽은 것입니다. 나가노 노부오가 죽었습니다. 작가 미우라 아야꼬씨는 '희생'에 대해서 말하고 싶었다고 말했습니다. 〈설령〉은 이 희생이라는 것이 얼마나 감동적이고 위대한지를 보여줍니다.

　그런데 이것조차도 아니라는 것입니다. 나가노 노부오

그 한 사람의 희생으로 많은 사람이 살았습니다. 얼마나 위대한 희생이며, 얼마나 위대한 사랑입니까? 그런데 물론 십자가는 이것을 포함합니다. 그런데 이것보다 더 나아가야 한다는 것입니다. 예수님의 십자가 죽음 때문에 우리가 크게 유익을 얻게 되고 살게 된 것은 맞습니다. 그러나 십자가의 핵심은 그것보다 한 걸음 더 나아갑니다.

대속죄일

소개해드릴 예화가 하나 더 있습니다. 유대인들에게 매년 7월 10일은 대속죄일입니다. 일 년에 하루 그 날에 대제사장이 온 백성을 위해서 속죄 제사를 드립니다. 그때 염소두 마리를 준비합니다. 한 염소는 죽임을 당하고 한 염소는 광야로 놓임을 받습니다. 각각의 염소는 상징적인 의미를 갖습니다. 죽임을 당하는 염소는 속죄 제물이 되는데 그 염소 위에 먼저 대제사장이 안수를 합니다. 이 안수는 온 백성의 죄를 그 염소 위에 전가시키는 의미가 있습니다. 그 죄를 지고 이 속죄의 염소는 죽임을 당합니다. 대제사장은 그 염소의 피를 가지고 지성소 안에 들어갔다 나옵니다. 그러면 백성들의 죄가 사해집니다. 하나님께서 염소의 피, 즉 그의 죽음을 보시고 백성들을 받아주십니다. 대제사장이 지성소에 들어갔다 나온 후 또 아사셀이라고 부르는 한 마리의 염소에게 안수하고 그 아사셀을 광야로 보냅니다. 이 아사셀은 광야로 혹은 들로 나가서 아무도 보이지 않는 곳으로 사라집니다. 이 두 번째 염소를 보낸 의식은 첫 번째 염소가 성취한 것이 무엇인지를 보여줍니다. 두 번째 염소는 우리의 죄를 지고 가는 것입니다. 하나님께서 우리의 죄를 우리에게서 멀리 옮기셨다는 것을 보여줍니다.

대속죄일에는 염소가 우리 죄를 대신해서 죽는 의식을 거행하는 것입니다. 우리는 이렇게 종종 기도합니다. "하나님, 죽어 마땅한 이 죄인이 주님 앞에 나왔습니다." 우리는 죽어 마땅한 죄인입니다. 그런데 그것이 전부가 아니고, 우리는 이미 죽은 죄인입니다. 그리스도 안에서 형벌을 당했습니다. 그것이 우리가 자유롭게 되고 죄로부터 벗어난 이유입니다. 우리는 그리스도께서 죽으신 것을 알고, 나를 위해서 죽으신 것도 압니다. 나가노 노부오의 희생처럼 그리스도께서 나를 위하여 희생하셨다는 것은 잘 압니다. 그러나 우리가 잘 모르는 것이 무엇인가 하면, 그리스도께서 "나를 대신해서" 죽으셨다는 것입니다. 그래서 이제는 "내가 죽었다"는 사실은 잘 모릅니다. 그래서 마음이 늘 찜찜한 것입니다. "내가 죽어야 되는데..." "내가 벌을 받아야 하는데..." 어쩌다 그리스도께서 나를 위해서 죽으셨기 때문에 하나님께서 이제 내 죄를 넘어가 주시고 나를 봐주시고 용서해 주시지만, 내 죄는 어딘가 그대로 있는 것이 아닌가 생각하기 때문입니다. 그렇지 않습니다. 하나님은 나를 심판하셨습니다. 나는 십자가에 못박혔습니다. 어떻게? 그리스도와 함께 그렇게 했습니다. 그리스도께서 나를 대신해서 죽으셨기 때문에 이제 그 그리스도의 죽음을 나의 죽음으로 보아주기 시작하셨습니다. 이것이 복음입니다. 이것이 십자가의 핵심입니다. 어떻게 내가 하나님 앞에 당당하고 떳떳하게 나아갈 수 있습니까? 내가 죽었기 때문에, 내가 벌받았기 때문에, 내가 율법의 저주를 받았기 때문에 가능한 것입니다. 이 사실을 아십니까? 이 사실을 보지 못한다면, 결코 우리 양심이 자유로울 수 없습니다.

양심의 자유
히브리서 9장 14절에 이런 말씀이 있습니다.

"하물며 영원하신 성령으로 말미암아 흠 없는 자기를 하나님께 드린 그리스도의 피가 어찌 너희 양심으로 죽은 행실에서 깨끗하게 하고 살아계신 하나님을 섬기게 못하겠느뇨"(히 9:14).

여러분의 양심은 편안하십니까? 양심이 깨끗하게 되었습니까? 아니면 양심이 찜찜합니까? 구원받았다고 하는 사람들, 구원의 확신이 있다고 하는 사람들에게 제가 가끔 묻습니다. "지금 하나님이 보실 때 당신의 죄가 흰 눈보다 더 희게 깨끗이 씻겨진 사실을 믿습니까? 지금 당신의 죄가 양털보다 더 희게 깨끗이 씻겨졌다는 사실을 믿습니까? 하나님께서 당신을 보실 때 흠도 점도 없이 완벽하게 순결한, 완벽하게 깨끗한, 정결한 존재로 당신을 보고 계심을 아십니까?" 우리는 오늘 아침에도 죄를 지었습니다. 부부끼리 다툴 수도 있고, 운전하고 오면서는 방해하는 사람이 있을 때 마음으로 미워할 수도 있습니다. 비가 많이 온다고 짜증을 냈을 수도 있습니다. 우리는 늘 죄 속에서 삽니다. 그래서 늘 양심이 찜찜하고 불안한 것입니다. 여러분, 그런 우리가 언제 양심의 깨끗함을 입겠습니까? 결심하고 기도에 힘쓰겠다고 하고, 거룩하게 살아보겠다고 하고, 성경을 날마다 읽어야겠다고 하고, 혈기를 죽여야겠다고 결심합니다. 그런데 얼마 못 가서 못 지킵니다. 그런 식으로 해서는 양심을 깨끗하게 할 수 없습니다. 내 양심이 자유를 얻을 수 있는 유일한 길은 영원하신 성령으로 말미암아 흠 없는 자기를 하나님께 드린 그리스도의 피로만 가능합니다. 그리스도께서 여러분을 '대신해서' 돌아가셨습니다. 그래서 하나님은 그리스도를 믿는 여러분을 죽은 것으로 간주하십니다. 이 것이 복음입니다.

그리스도께서 십자가에서 다 이루셨습니다. 내가 죽어야 할 죽음을 주님이 죽으셨습니다. 내가 받아야 할 저주를 주님이 받으셨습니다. 내가 받아야 할 형벌을 주님이 받으셨습니다. '엘리 엘리 라마 사박다니'("나의 하나님, 나의 하나님, 어찌하여 나를 버리시나이까?")! 주님이 버림 당하셨습니다. 그것은 내가 버림 당한 사건입니다. 나 대신 주님이 버림 당하셨습니다. 그래서 이제 나는 하나님과 화목하게 되었습니다. 이제 나는 의인이 되었습니다. 이제 우리는 하나님 앞에 의인이 되었습니다. 이제 우리에게 주어지는 것은 저주가 아닙니다. 복입니다. 이것이 십자가의 핵심입니다. 그래서 우리는 십자가를 사랑하는 것입니다. 십자가에서 고통 당하신 주님을 바라보면서 한없는 감사와 감격의 눈물을 흘리는 것입니다. 나를 대신해서 죽으신 예수님, 그 십자가를 기억합시다. 그리고 내가 죽은 것을 이제 확실히 압시다. 이제 하나님 앞에서 양심의 담대함을 가지고 살아 계신 하나님을 섬기는 우리가 되기를 바랍니다.

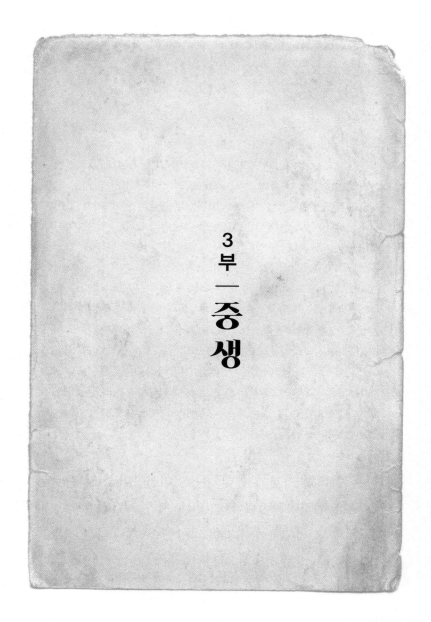

3부 ─ 중생

9장 | 중생

"바리새인 중에 니고데모라 하는 사람이 있으니 유대인의 관원
이라. 그가 밤에 예수께 와서 가로되 랍비여 우리가 당신은 하
나님께로서 오신 선생인줄 아나이다. 하나님이 함께 하시지 아
니하시면 당신의 행하시는 이 표적을 아무라도 할 수 없음이니
이다. 예수께서 대답하여 가라사대 진실로 진실로 네게 이르노
니 사람이 거듭나지 아니하면 하나님 나라를 볼수 없느니라. 니
고데모가 가로되 사람이 늙으면 어떻게 날 수 있삽나이까 두번
째 모태에 들어갔다가 날 수 있삽나이까. 예수께서 대답하시되
진실로 진실로 네게 이르노니 사람이 물과 성령으로 나지 아니
하면 하나님 나라에 들어갈 수 없느니라. 육으로 난 것은 육이요
성령으로 난 것은 영이니 내가 네게 거듭나야 하겠다 하는 말을
기이히 여기지 말라. 바람이 임의로 불매 네가 그 소리를 들어도
어디서 오며 어디로 가는지 알지 못하나니 성령으로 난 사람은
다 이러하니라"(요 3:1-8).

나는 기독교 가정에서 태어나 어려서부터 신앙적인 분
위기 속에서 살아왔습니다. 그런데 제가 자라면서 경험적
으로 알게 된 기독교가 굉장히 다양했습니다. 나는 장로교
를 배경으로 한 교회에서 자라났는데 장로교는 말씀을 굉

장히 중요하게 여기는 교단입니다. 그런가 하면 성령의 역사를 굉장히 강조하는 순복음 같은 교단들도 있습니다. 혹은 사회참여를 유독 중요하게 여기는 교단도 있습니다. 대학생을 중심으로 하는 선교단체에서는 복음에 대해서 많이 이야기했습니다. 만약에 어떤 사람이 기독교에 관심을 가지고 다가갔을 때, 이렇게 다양한 기독교를 접하면서 혼란에 빠질 수도 있습니다.

다양한 기독교의 종파들

기독교의 종파들에는 어떤 것들이 있을까요? 먼저 그리스정교가 있습니다. "Greek Orthodox"라고 부릅니다. 또 정교 중에서는 러시아에 있는 정교를 "러시아 정교"라고 부릅니다. 다른 종파로는 로마 가톨릭이 있습니다. "Roman Catholic"이라고 부릅니다. 또 제가 속한 개신교, "Protestant"가 있습니다. 그 개신교 안에도 장로교, 감리교, 침례교, 성결교, 성공회, 순복음, 등 수많은 교단(denomination)이 있습니다. 이렇게 복잡하고 다양한 종파들이 있습니다. 신학적으로도 근본주의적인 입장을 취하는 극보수적인 교단부터 자유주의적인 입장을 취하는 교단까지 다양합니다. 그 중간에 복음적인 교단들이 있습니다.

우리가 교회에 다닐 때 어떤 교단에 속해 있는지를 살펴보시면 좋겠습니다. 내가 속한 교단이 복음에 충실하고 치우침이 없는지 돌아보십시오. 교단 간의 교류도 필요하고 점점 신학적인 지평이 넓어지려는 노력도 해야 하지만, 기독교를 기독교 되게 하는 핵심적인 고백에 대해서 진지하게 접근해야 합니다.

네 종류의 기독교

저는 다른 기준으로 기독교를 구분해보려고 합니다. 저의 기준은 생명입니다. 생명을 기준으로 다양한 기독교를 분석해 볼 수 있을 것입니다.

교양/문화 기독교

먼저 교양 기독교 혹은 문화적 기독교가 있습니다. 많은 로마 가톨릭 국가의 교회들이 여기에 속합니다. 예를 들면 이탈리아는 로마 가톨릭 국가입니다. 이탈리아 사람들은 모두 자신들이 그리스도인이라고 생각합니다. 이것이 문화적 기독교입니다. 일 년에 한두 번 정도 교회에 출석하기만 하면 됩니다. 한 세대 전에는 미국인들도 이와 같았습니다. 미국이 기독교 국가라고 생각했고, 자신이 미국 사람이니 당연히 자신은 그리스도인이라고 생각했습니다. 이것을 교양 기독교, 문화적 기독교라고 부를 수 있습니다.

무속/기복 기독교

둘째, 무속 기독교 혹은 기복적인 기독교가 있습니다. 기독교를 자기 안위를 위한 종교, 복받는 길을 알려주는 종교로 생각합니다. 이것은 구약에서 바알 숭배로 드러났는데 지금도 여전히 기승을 부리는 신앙 형태입니다. 어떤 학자가 쓴 글에 한국의 종교는 불교도, 유교도, 기독교도 아니고, 무당 종교, 샤머니즘, 무속이라고 주장하는 것을 보았는데 공감이 되었습니다.

제가 불교에 대해서 잘 몰랐던 사실을 최근에 알게 되었습니다. 많은 사람들이 절에 가면 대웅전보다 칠성각을 더 자주 찾는다고 합니다. 원래 칠성각은 불교가 아니고 한국 고유의 미신인데 불교 안에 들어왔다고 합니다. 대웅전에는 부처상이 있는데, 그 옆에 칠성각을 따로 만들어서 거기에 토속적인 신들을 모시고 있습니다. 한국의 불교는 기복주의 불교로, 한국의 유교도 기복주의 유교로 변했듯이, 한국의 기독교도 기복주의 기독교로 변했습니다.

율법/도덕 기독교

셋째, 도덕적인 기독교, 율법적인 기독교입니다. 기독교를 자신들이 지키고 따라야 할 규범으로 생각하는 수준입니다. 그리고 갈수록 요구되는 수준이 높아집니다. 교양 기독교나 문화적 기독교에서 무속기독교나 기복적인 기독교로 나아가고, 그 다음으로 도덕적인 기독교나 율법적인 기독교로 나아갑니다. 이 율법적이고 도덕적인 기독교에는 나름대로 고상한 측면이 없지 않지만, 앞의 두 기독교처럼 거기에는 생명이 없습니다.

생명/능력 기독교

넷째, 진짜 기독교가 있습니다. 진짜 기독교는 생명의 기독교, 능력의 기독교입니다. 성령의 능력으로 거듭나는 역사가 있을 때 진짜 기독교가 됩니다. 사실 우리가 이 생명의 기독교, 능력의 기독교, 하나님께서 실제로 살아계시고 능력 가운데 역사하시는 것을 매일 매일 체험하면서 사는 신앙에 이르지 않는다면, 기독교라는 형태는 유지하고 이름은 갖고 있어도 참 기독교는 아닙니다. 오늘날 교회는 많은데 왜 그리스도인들은 영향력이 없는지, 왜 사회 변혁의 동력으로 작용하지는 못하는지를 묻곤 합니다. 뼈아픈 질문입니다. 그 대답은 그 교회에 생명이 없기 때문입니다. 생명 없는 교회, 생명 없는 그리스도인이 너무 많습니다. 겉모습만 기독교인 것입니다. 무속 기독교나 기복주의 기독교의 수준에 머물러 있거나, 도덕주의나 율법주의 기독교를 벗어나지 못하는 수준의 교회에 불과하기 때문에 힘이 없는 것입니다. 그런 기독교로는 세상을 변화시킬 수 없습니다. 복음의 능력을 나타낼 수 없기 때문입니다. 생명을 기준으로 살펴보십시오. 교단을 뛰어넘고 종파를 뛰어넘고 개교회를 뛰어넘습니다.

성령의 사역

복음주의 신앙의 세 핵심 요소가 있는데, 첫째가 하나님의 계시입니다. 그것은 성경에 담겨 있습니다. 우리 신앙의 기준이며 권위가 무엇인지를 말합니다. 우리는 성경대로 믿습니다. 성경이 하나님의 말씀임을 믿고 성경을 따라 행합니다. 둘째는 성자 예수님의 구속입니다. 이것은 십자가입니다. 십자가만이 구원의 길이 됩니다. 그간 우리는 성경과 십자가, 계시와 구속에 대해서 살펴보았습니다. 이번 장에서는 세 번째 핵심 요소인 성령 하나님의 다양한 사역을 살펴보려고 합니다. 그중에서도 특별히 성령 하나님께서 우리를 중생시키시고 생명을 주시는 사역을 생각해 보려고 합니다.

그리스도의 십자가는 객관적인 구속의 성취입니다. 그리스도께서 우리를 하나님 앞으로 인도하기 위해 구원의 길을 열어 놓으신 사건입니다. 그리스도께서 십자가 위에서 우리의 구속을 성취하셨습니다. 그러나 객관적으로 성취하신 구속이 저절로 모든 사람에게 적용되지 않습니다. 그래서 만인구원론은 성경적인 견해는 아닙니다. 예수님이 십자가에서 성취하신 객관적인 구속이 각 개인에게 주관적으로 적용되게 하는 것이 성령의 역할입니다. 어떻게 주님이 성취하신 구원이 각 사람에게 적용될 수 있습니까? 어떻게 우리가 그 객관적인 구원을 내 것으로 삼을 수 있습니까?

이 구원의 주관적인 측면을 성령님께서 담당하십니다. 성령님께서 우리 각 사람의 마음을 열어 주시고, 마음 눈을 밝혀 주십니다. 우리가 십자가의 참된 빛과 진리를 보게 하시고 믿음으로 받아들이게 하십니다. 이제 십자가의 구속과 십자가의 성취가 믿는 자들에게 적용될 수 있게 하십니다.

거듭남

요한복음 3장 1-8절은 '거듭남'이라는 주제, '중생'이라는 주제에 대해서 아주 잘 설명해주고 있습니다. 니고데모가 밤에 예수님을 찾아옵니다. 니고데모는 바리새인으로서 종교적인 열심이 특출난 사람입니다. 우리가 성경을 읽어 보면 바리새인에 대한 이야기를 자주 접합니다. 그런데 당시에 바리새인의 수가 그리 많지 않았습니다. 다 합쳐 봐야 몇 천 명 수준이었습니다. 많은 유대인 중에 단 몇 천 명만이 바리새인이었는데, 그들은 실력과 열정이 탁월한 종교인들이었습니다. 또 유대인 관원이었습니다. 유대인의 최고 의결기관인 산헤드린 총회의 일원이었다는 뜻입니다. 그렇다면 그는 유대 사회의 지도자에 속하는 사람입니다. 정치적, 사회적, 실질적 권한을 가진 지도자였습니다. 더군다나 예수님과의 대화에서 주님은 니고데모를 이렇게 칭하십니다. "너는 이스라엘의 선생으로서 이런 사실을 모르느냐?" 다시 말하면 그는 이스라엘의 "선생"으로 인정 받는 사람이었습니다. 니고데모, 그는 신학자요 뛰어난 지성인이었습니다.

이런 니고데모가 예수님을 찾아왔습니까? 예수님은 누구입니까? 한마디로 촌부입니다. 나사렛 출신입니다. 랍비

밑에서 정식으로 공부한 것도 아니고 전직 목수였던 떠돌이 전도자일 뿐입니다. 그런데 당대 최고의 엘리트인 니고데모가 전직 목수인 예수님을 찾아와 "랍비여, 당신은 하나님께로 오신 분이 분명합니다."라고 고백하고 있습니다. 니고데모는 겸손한 사람이었던 것입니다. 그는 구도자였습니다. 자기에게 있는 화려한 배경에 만족하지 못한 채 내적으로 공허감을 느끼고 있었고, 영적인 목마름과 갈급함을 채우고 싶었던 사람입니다.

니고데모 정도면 대단하다고 생각합니다. 이런 사람이 우리 교회에 온다고 생각해보십시오. 그럼 우리는 즉시 '어떻게 하든지 이분은 장로를 시켜야 해. 어서 교회 지도자로 모셔야 해. 이런 분이 교회에 왔다는 자체가 얼마나 우리 교회의 영광이고 축복이고 특권 아닌가?'라고 생각할 수 있습니다. 그런데 니고데모는 제가 언급한 몇 가지 기독교 중에 도덕적인 기독교나 율법적인 기독교의 수준에 머물러 있었습니다. 예수님을 찾아왔지만 예수님의 정체를 알지 못했습니다. 예수님이 하나님께로부터 오신 선생인 것까지는 알았습니다. 그분이 뭔가 특별한 분이라는 것은 알았습니다. 하나님께로부터 오시지 않았다면 이런 표적을 행할 수 없었을 것이라고 보았습니다. 그래서 니고데모의 신앙은 표적을 보고 믿는 정도의 신앙에 불과했습니다. 예수님이 행하시는 기적 같은 일을 보았습니다. 예수님의 능력을 보여주는 특별난 일들이었습니다. 그들에게 예수님은 뭔가 달랐습니다. 그는 틀림없이 하나님께로부터 오신 선지자가 분명하다고 여겼습니다. 하지만 거기까지였습니다. 잘 해야 예수님을 선지자로 생각했을 것입니다.

니고데모는 "밤"을 틈타서 예수님을 찾아왔다고 성경은 말합니다. 이 "밤"에는 두 가지 의미가 있습니다. 실제로 "밤"에 찾아왔습니다. 시간적으로 캄캄할 때 왔습니다. 자신의 신분을 대중들에게 드러내고 싶지 않았을 것입니다. 부끄럽기도 하고 동료들에게서 지적 받을 수 있기 때문에 이를 피하려고 밤에 왔을 것입니다. 그런데 다른 한편으로 이 '밤'이라는 단어는 요한복음 전체에서 영적으로 어두운 상태를 가리키는 은유이기도 합니다. 요한복음 저자에게 니고데모는 "밤에 속한 사람"이었던 것입니다. 니고데모는 어두움에 속한 사람이었습니다. 아직 빛에 속하지 못했습니다. 니고데모는 생명에 이르지 못했습니다. 요한복음 뒷부분에 가룟 유다가 최후의 만찬 때 밖으로 나갑니다. 예수님이 떡 조각을 주시면서 "네가 할 일을 속히 행하라"고 하시자 가룟 유다는 예수님을 팔기 위해 다락방을 나섭니다. 거기에도 "다락방을 나서니 밤이더라."는 표현이 나옵니다. 가룟 유다는 밤의 세계로 나간 밤의 사람입니다. 니고데모도 밤의 세계에서 온 사람입니다. 이것이 니고데모의 한계였습니다.

니고데모가 만일 우리 교회에 출석한다면, 여러분은 니고데모를 어떻게 볼 것 같습니까? 이 사람은 믿음이 좋은 사람이라고 볼 수 있을 것입니다. 우리가 성경을 알고 싶으면 니고데모에게 가서 도움을 받을 수 있습니다. 그는 신사적인 사람입니다. 교양있고 훌륭한 사람입니다. 그래서 니고데모 같은 사람은 믿음도 좋을 것이고 타의 모범이 되는 바른 신앙의 소유자일 것이라고 여길 것입니다. 그런데 예수님은 니고데모를 인정하지 않으셨습니다. 예수님을 향해 이 정도 표현으로 경의를 표했다는 것은 그가 얼마나 열린 마음으로 찾아왔는지를 보여줍니다. 그는 예수님께 "랍비여, 당신은 하나님께로부터 오신 분이 분명합니다. 당신이 하나님께로부터 오지 않았다면 이런 표적을 행하실 수 없었을 것입니다."라고 말합니다. 제가 예수님이었다면, "네가 나를 그렇게 생각해 주니 참 기특하구나. 그래도 너는 다른 바리새인들하고는 다르구나. 겸손한 편이야. 너는 영적인 목마름을 가지고 있는 사람이야."라고 칭찬했을 것 같습니다. 그러나 예수님은 그렇게 대답하지 않으셨습니다. 예수님은 니고데모가 갖고 있는 문제의 핵심을 찔렀습니다. 니고데모가 묻지도 않았는데, 예수님은 벌써 니고데모의 중심을 보셨습니다. 그의 중심을 향해 문제의 핵심을 지적하십니다. 거듭나야 한다고. 사람이 거듭나지 않으면 하나님 나라를 볼 수 없다고 말합니다.

하나님의 나라

하나님 나라는 어떤 나라입니까? 하나님 나라는 보이지 않는 세계입니다. 보이지 않는 영적 질서입니다. 하나님 나라는 눈에 보이는 이 세상 질서와 확연히 다릅니다. 이 세상에는 교회도 있고 교단도 있고 눈에 보이는 외형적인 것들이 많이 있습니다. 그러나 하나님 나라는 눈에 보이는 교회와 일치하지 않습니다. 그런 기독교적인 것들에 하나님 나라가 임할 수도 있고 임하지 않을 수도 있습니다. 이것은 보이지 않는 영적 질서입니다. 하나님이 다스리시고 통치하시는 영역을 의미합니다. 니고데모는 비록 유대인이었고 바리새인이었고 이스라엘의 선생이었지만, 하나님의 실제 (reality of God), 하나님의 생명, 하나님이 다스리는 그 세계에 대해서는 무지했습니다. 니고데모는 종교인이었지 영적인 사람은 아니었습니다. 우리 자신도 한 번 돌아볼 필요가 있습니다. 대대로 신앙을 이어받았다 하더라도, 매우 복음적인 교단에 속해 있다 하더라도, 부모님이 교회에서 중직자들이라고 하더라도, 그런 것들이 내가 참된 그리스도인이라는 보장을 해주지는 않습니다. 내가 믿은 연수, 교회의 직분 등도 중요하지 않습니다. 목사 중에도 비그리스도인처럼 보이는 이들이 있습니다.

예수님은 문제의 핵심을 지적하고 있습니다. "거듭나지 않으면 하나님 나라에 들어갈 수 없고 그 전에 하나님 나라를 볼 수도 없다. 네가 지금 하나님 나라에 대해서 말하고 있느냐? 하나님은 어떤 분이신지, 하나님으로부터 온 사람은 어떤 사람인지를 말하고 있느냐? 그러나 내가 너의 실상을 말하는데, 너는 하나님의 통치에 대해서, 하나님이 다스리시는 영적 질서에 대해서 아직 눈을 뜨지 못했단다. 네가 속한 유대교, 바리새주의, 너의 신학은 모두 육에 속한 것이란다. 육에 속한 것은 육일 뿐이야." 영적으로 거듭나

기 전에 육신적으로 태어나서 육신적으로 이해하고, 육신
적으로 배우고, 육신적으로 살아왔던 모든 것, 자연적인 모
든 것, 이것은 자연적인 것에 그친다는 것입니다. 아직 하
나님을 알지 못하는 것이라고 주님은 말씀하십니다. 그러
면서 주님은 거듭남에 대해 말씀하십니다. 이쯤 되면 우리
도 정신이 번쩍 들어야 합니다. 이것이 복음의 핵심이구나!
다른 모든 것은 껍데기고, 이것이 알맹이고 진짜고 생명이
구나, 라는 탄성을 자아냅니다. 거듭나지 못하면 하나님 나
라에 들어가지 못하는 것은 말할 것도 없고 하나님 나라를
볼 수도 없고 알 수도 없습니다.

그렇다면 거듭남이란 무엇인가? 이 중생이란 무엇인가?
우리 한 번 차례대로 생각해 보겠습니다. 거듭남이란 말의
의미는 '다시 태어난다.' 'born again' 한다는 의미가 있고,
'위로부터 태어난다.' 'born from above'라는 의미도 있습
니다. "다시 태어난다" 또는 "위로부터 태어난다"는 것입니
다. '위로부터 난다'는 것은 '하나님께로부터 난다'는 뜻입니
다. 'born of God'입니다. 요한복음 1장 12절, 13절을 보십
시오. "영접하는 자 곧 그 이름을 믿는 자들에게는 하나님
의 자녀가 되는 권세를 주셨으니 이는 혈통으로나 육정으

로나 사람의 뜻으로 나지 아니하고 오직 하나님께로서 난 자들이니라." 예수님을 영접하는 자나 예수님을 믿는 자들은 하나님으로부터 난 자들입니다. 마지막으로는 거듭남이란 성령으로 나는 것을 의미합니다. 3장 5절에 "물과 성령으로 나지 아니하면"이라고 하십니다. 'born of water and Sprit'입니다. 이 영으로 난다는 것, 성령으로 난다는 것, 이것은 자연적인 출생과 대조됩니다. 우리가 어머니 뱃속에서 태어나는 것은 자연적인 출생입니다. 이것은 육입니다. 육신으로 난 것입니다. 니고데모는 그 수준에 머물러 있었습니다. 그래서 니고데모는 거듭나야 한다는 예수님의 말씀을 이해하지 못해서 이렇게 반문합니다. "어머니 뱃속에 제가 다시 들어갔다 나와야 한다는 말입니까?" 이것이 니고데모의 수준이고 니고데모의 한계입니다. 니고데모는 아직 육에 속한 사람으로서 육신의 차원의 일밖에 알지 못했습니다.

바울은 고린도전서에서 하나님의 지혜에 대해서는 세상이 자기 지혜로 하나님의 일을 알지 못한다고 합니다. 특히 십자가의 진리를 알지 못합니다. 다른 모든 면에서는 탁월한 지성인이라고 할 수 있는 사람들도 영적인 일에 대해서는 너무 무지할 수 있습니다. 너무 완고해서 그렇습니다. 대화가 통하지 않기도 합니다. 그런데 당연합니다. 영적인 면을 보지 못하며, 그것은 전혀 다른 세계이기 때문입니다. 이것이 기독교 신앙입니다. 내 경험으로 다 분석되고 이해되고 손에 잡히는 것이 아닙니다. 하나님은 초월적인 분이십니다. 하나님이 다스리시는 하나님의 나라와 그 하나님의 통치는 위에서부터 우리에게로 임합니다. 우리가 하나님을 처음 만나는 순간 모든 것이 생소해야 정상입니다. 뜻밖의 일이어야 합니다. 내가 꿈에도 생각하지 못했던 일, 상상하지도 못했던 일, 막연히 내가 기대하고 예상했던 것과 전혀 다르고, 너무 낯설고 기이한 것이어야 합니다. 그것은 영적으로 죽은 내가 살아나는 체험입니다. 여러분은 그런 의미에서 거듭나셨습니까? 다시 태어나셨습니까? 위로부터 나셨습니까? 하나님으로부터 나셨습니까? 영으로 나셨습니까?

야고보가 말하듯이 죽은 믿음도 있습니다. 산 믿음만이 우리를 살릴 수 있습니다. 생명의 체험이 없는 믿음은 죽은 믿음입니다. 그런 사람들이 의외로 교회 안에 많습니다. 하나님 나라를 보지 못하고 영적인 세계를 이해하지 못하고 다만 상식적으로만 판단하니 그 범위를 벗어나는 하나님의 크고 놀라운 일을 알지 못합니다. 습관적으로 오래 교회에 다녔어도 거듭남의 체험이 없는 이들이 많습니다.

에스겔 36:25-27

요한복음 3장 5절에 "물과 성령으로 나야 한다"는 말을 좀더 살펴보겠습니다. 이 말을 이해하려면 배경이 되는 에스겔 36장 25-27절을 먼저 이해해야 합니다. 많은 사람들이 물과 성령이 무엇을 의미하는지 궁금하게 여깁니다. 예수님이 말씀하시는 물과 성령으로 거듭나야 한다는 말은 물은 세례를 가리키고 성령은 내적인 역사를 가리킨다는 식의 설명이나, 혹은 물과 성령은 동일한 의미라는 설명이 많았습니다. 하지만 에스겔 36장 25-27절을 염두에 둔다면 좀더 의미를 이해하는 데 도움이 될 것입니다.

"맑은 물로 너희에게 뿌려서 너희로 정결케 하되 곧 너희 모든 더러운 것에서와 모든 우상을 섬김에서 너희를 정결케 할 것이며 또 새 영을 너희 속에 두고 새 마음을 너희에게 주되 너희 육신에서 굳은 마음을 제하고 부드러운 마음을 줄 것이며 또 내 신을 너희 속에 두어 너희로 내 율례를 행하게 하리니 너희가 내 규례를 지켜 행할지라"(겔 36:25-27).

하나님께서 에스겔을 통하여 이스라엘을 회복시킬 일에 대한 것을 예언하시고 있습니다. 이스라엘의 회복은 나중에 구속사의 큰 그림에서 보면 예수님을 믿는 우리 모든 사람을 포함합니다. 하나님은 하나님의 새로운 백성이 될 자들에게 무슨 일이 일어날지를 지금 말하고 있습니다. "맑은 물로 너희에게 뿌려서 너희로 정결케 하되 곧 너희 모든 더러운 것에서와 모든 우상을 섬김에서 너희를 정결케 할 것이며"는 말이 무슨 뜻입니까? '깨끗하게 씻음' '정결하게 함'은 죄사함을 말하고 우리를 정결하게 하시는 사역을 말합니다.

"새 영을 너희 속에 두고 새 마음을 너희에게 주되 너희 육신에서 굳은 마음을 제하고 부드러운 마음을 줄 것이며 또 내 신을 너희 속에 두어"는 하나님께서 성령을 우리 안에 주시고, 그로 말미암아 우리 영이 새롭게 되고 우리 마음이 새롭게 되는 내적 변화를 의미합니다. 물과 성령으로 난다는 말은 하나님께서 성령의 특별한 역사로 우리의 속 사람, 즉 우리의 영을 깨끗이 씻어 주시고 새롭게 변화시켜 주신다는 뜻입니다. 한 마디로 생명을 주신다는 말씀입니다. 이것을 새 언약의 약속이라고 부릅니다.

예레미야 31:31

예레미야 31장 31절 이하에 비슷한 내용이 나옵니다. 여기서는 하나님께서 자기 백성의 죄를 다시는 기억하지 않을 것이고, 율법을 더는 돌판이 아니라 백성들의 마음에 새겨줄 것이라는 두 가지 약속을 주십니다. 새 언약의 두 가지 중요한 약속은 죄의 용서와 마음에 성령님을 주시는 것으로 요약할 수 있습니다. 그렇다면 에스겔과 예레미야 선지자를 통한 약속이 동일합니다. 이것이 거듭남의 약속입니다. 왜 이스라엘 백성이 하나님의 택함을 받았고 율법을 받았는데도, 그들이 우상숭배에 빠지고 하나님 앞에 범죄하고 결국에는 하나님의 심판을 받아 바빌론에까지 끌려 갈 수밖에 없었습니까? 성령으로 하지 않았기 때문입니다. 그들의 육신만 갖고는 율법을 지킬 수 없었기 때문입니다. 이것이 구약의 한계입니다. 모세의 시내산 언약의 한계는 율법이 우리에게 외적으로 주어졌다는 데 있습니다. 이것이 도덕적 기독교요 율법적 기독교입니다. 율법을 받았다고 해서 지킬 수 있는 것은 아닙니다. 우리 속에 있는 죄 때문입니다. 우리가 죄인이고, 타락했고, 영적으로 죽은 자들이기 때문입니다. 그래서 우리에게 필요한 것은 무엇입니까? 율법을 돌판에 새겨서 주는 옛 언약을 통해서는 안 되기에 율법을 마음에 새겨주는 성령으로 말미암아 속사람이 새롭게 되고, 우리 안에 율법을 지킬 수 있는 능력을 주고 생명을 주는 새 언약만이 우리를 구원 받을 수 있게 해줍니다.

이것은 생명의 약속입니다. 죽은 자들을 살리는 약속입니다. 영적으로 죽은 우리가 살아나는 것입니다. 영적으로 죽었다는 말은 영이 없다는 말이 아니라 참 영이신 하나님께 대하여 죽어 있고 하나님으로부터 분리되어 있다는 뜻입니다. 우리가 거듭나서 다시 살아난다는 말은 하나님께 대하여 살아나는 것을 의미합니다. 에베소서 2장 5절은 "우리를 그리스도와 함께 살리셨다"고 말합니다. 허물과 죄로 죽은 우리를 하나님께서 그리스도와 함께 살리셨습니다. 우리는 이제 하나님께 대하여 살아났고, 우리의 죽었던 하나님과 분리되었던 영이 하나님과 연합하게 되었고 하나님과 교통하게 되었습니다.

성령으로 마른 뼈가 살아나다!

다시 에스겔 37장을 보십시오. 에스겔이 이상 중에 어느 골짜기로 갑니다. 그런데 골짜기에 마른 뼈가 가득했습니다. 조금만 힘을 주면 부서져서 가루가 될 것 같은 마른 뼈들입니다. 마른 뼈가 보여주는 것은 철저한 죽음입니다. 거기에는 생명의 그림자가 전혀 없습니다. 지금 영적으로 죽어 있는 유대인들과 이스라엘이 이 죽음의 상태라는 뜻입니다. 하나님께서 에스겔에게 묻습니다. "에스겔아, 이 뼈들이 살겠느냐?" 이 마른 뼈들이 살아날 수 있겠습니까? 그러고는 에스겔에게 대언하라고 하십니다. "생기야, 이 속에 들어가 살게 하라. 이 마른 뼈들로 살게 하라. 생기야" 생기는 하나님의 숨입니다. 성령님입니다. 그 명령에 따라 성령님이, 생명이, 마른 뼈들 안에 들어가자 어떤 일이 일어납니까? 마른 뼈들이 일어납니다. 그 마른 뼈들 위에 힘줄이 연결되고 살이 덮이고 생명이 주어져서 커다란 하나님의 군대로 살아납니다. 죽음에서 생명으로 죽었던 마른 뼈들이 살아있는 하나님의 군대로 변하는 환상을 하나님께서 에스겔에게 보여주신 것입니다. 이것이 새언약의 약속이요, 성령으로 거듭난 모습입니다.

성령으로 새 마음이 되다!

거듭남의 핵심은 우리에게 생명이 주어지고 새 영이 주어진다는 것입니다. 또 성령이 우리 안에 주어짐으로써 우리의 마음이 근본적으로 변하게 됩니다. 중생은 변화를 의미합니다. 그동안 우리는 너무 칭의에 초점을 맞추어 구원을 설명해왔습니다. 칭의의 핵심은 무엇입니까? 하나님께서 우리를 값없이 우리의 의로운 행위로 말미암지 않고 단지 믿음을 보시고 의롭다 여겨 주신다는 것이 칭의입니다. 그 말은 맞습니다. 그러나 하나님께서 칭의하실 때, 항상 동반되는 것이 중생의 역사입니다. 그래서 죽은 우리가 실제로 살아나고 변화되는 역사가 이어져야 합니다. 칭의를 오해하거나 중생과 칭의를 구분하면서, 칭의만 강조하고 중생은 외면할 수 있습니다. 그래서 선한 행실은 중요하지 않고 다만 입술의 고백만으로 구원을 받을 수 있을 것처럼 말하는 구원론이 팽배해 있습니다. 그러니까 생명이 없는 것입니다. 그래서 변화도 없고, 열매도 없고, 죽어 있는 기독교를 만들어내고 있는 것입니다.

예수님을 믿고서 살아나야 하고 변화되어야 합니다. 그것은 필수적이지 선택적인 것이 아닙니다. 에베소서에서 바울은 이 변화를 우리를 새사람으로 지어주셨다고 표현합니다. 하나님을 따라 의와 진리와 거룩함으로 지으심을 받았다고 합니다. 거듭났다, 변화되었다는 말은 우리가 죄로부터 벗어났다는 뜻입니다. 거듭나기 전에는 모두 영적으로 죄에 사로잡혀서 죽은 상태에 있었습니다. 그래서 자신이 죄인이라는 사실을 깨닫지 못하는 것입니다. 자신의 죄를 보지 못합니다. 하지만 거듭날 때 무슨 일이 일어납니까? 하나님께서 우리를 죄로부터 벗어나게 해주십니다. 그러면 역설적으로 내가 죄인이라는 사실, 죄의 실상을 보기 시작합니다. 그래서 회개가 가능해집니다. 죄를 죄로 깨닫고 죄를 미워하고 죄에 대해 애통하는 마음이 생깁니다. 이것은 실제적인 변화입니다. 여러분은 이 변화를 체험하셨습니까? 이 일이 어떻게 가능합니까?

거듭남은 어떻게 일어나는가?

이것이 니고데모의 질문입니다. 니고데모는 엄마 뱃속에 들어갔다 나와야 한다고 생각했습니다. 그런 니고데모에게 주님은 거듭남에 대해서 다음과 같이 설명하십니다. 바람에 비유하십니다. "바람이 임의로 불매" 여기서 바람이 임의로 분다는 말은 바람이 자기가 원하는 대로 분다는 말입니다. 누가 바람을 조절합니까? 아무도 조절할 수 없습니다. 바람이 자기가 원하는 대로 알아서 붑니다. 그런데 우리는 그 소리는 들을 수 있습니다. 하지만 바람이 어디로 와서 어디로 가는지는 알 수 없습니다. 성령으로 난 사람은 다 이와 같다고 합니다. 무슨 뜻입니까?

첫째, 거듭남은 '신비'라는 뜻입니다. 거듭남을 논리적으로 설명할 수 없습니다. 거듭남에 어떤 공식이 있는 것도 아닙니다. 이것은 하나님이 하시는 일입니다. 그래서 우리는 거듭남이 신비이고 어떻게 이루어지는지 모릅니다. 다만 우리가 바람을 보지 못하지만 바람이 불고 있다는 사실은 압니다. 바람이 어디서 와서 어디로 가는지는 모르지만 바람이 불고 있다는 사실은 압니다.

얼마든지 이런 장면을 상상할 수 있습니다. 어떤 집회에 참석했는데, 너무 설교가 지루하고 특별한 것도 없습니다. 그런데 어떤 사람 위에 성령이 역사하십니다. 그 사람의 마음이 열립니다. 평소에는 졸리기만 하고 하나도 귀에 안 들어오던 설교가 들리고 마음에 변화가 일어납니다. 그 사람이 흐느껴 울기 시작하고 하나님의 거룩한 영광 앞에 압도되어 자기가 죄인임을 철저히 깨닫습니다. 옆에 있던 나는 이해할 수 없습니다. 왜 이런 일이 일어나는지 말입니다. 이런 설교에 감동한다고? 그런데 그런 일이 나에게도 일어날 수 있습니다. 제가 중학교 1학년 하기 수양회에서 실제 그런 일을 체험했습니다. 저는 제가 기독교인이라고 생각하고 있었습니다. 그런데 그 수련회에서 저는 전혀 새로운 세계를 알게 되었습니다. 내가 죄인이라는 것을 알게 되었습니다. 하나님이 살아 계시다는 것이 이론과 설명을 뛰어넘어 내게는 너무도 확실해 졌습니다. '주 예수보다 더 귀한 것은 없네'라는 찬송이 저의 신앙고백이 되었습니다. 거듭남은 바람이 부는 것과 같습니다. 신비입니다.

둘째, 바람이 자기 뜻대로 분다는 의미입니다. 거듭남이란 철저하게 성령께서 주권적으로 행하시는 일이라는 것입니다. 우리가 성령님을 통제할 수 없습니다. 우리가 거듭남이란 것을 인위적으로 만들어 낼 수 없습니다. 우리가 집회를 열 수도 있고, 말씀을 선포할 수도 있지만, 우리가 분위기를 만들고 프로그램을 진행하여 사람들을 거듭나게 할 수는 없습니다. 이렇게 생각하는 것은 신성모독에 가깝습니다. 다만 성령께서 역사하시니 그 결과 거듭남을 체험하는 것입니다.

거듭남의 증거

그럼 우리가 거듭난 것을 어떻게 알 수 있습니까? 거듭나는 것은 신비이지만, 거듭남의 증거에 대해서는 확실히 말할 수 있습니다. 이것은 요한일서에 나옵니다. 하나님의 자녀된 자들의 특징들은 무엇입니까?

믿음

첫째는 믿음입니다. 예수께서 그리스도이심을 확실하게 믿게 됩니다. 머리로만 아는 이론가가 아니라 마음에서부터 확실히 깨달아지고 확실히 고백합니다. 둘째는 순종입니다. 계명을 지키는 자가 하나님의 아들입니다. 예수 안에 거한다고 말은 하면서 계명을 지키지 않으면 거짓말하는 자입니다. 이 계명은 무엇입니까? '사랑하라'는 명령입니다. 그래서 형제를 사랑하지 않는 자는 주님 안에 있는 자가 아니고, 그 안에 거한다고 하면서 형제를 미워하는 자는 거짓말하는 자가 됩니다. 그래서 거듭난 사람의 특징은 주님의 계명에 순종하고 싶어 하고, 다른 사람을 사랑하고 싶어 하는 마음입니다. 셋째는 확신입니다. 우리에게 성령을 주셨습니다. 성령이 우리에게 주어지면 어떤 변화가 일어납니까? 우리가 하나님을 아버지라고 부르게 됩니다. 하나님을 아빠라고 부르게 됩니다. 그래서 내가 하나님께 속했다는 그 사실에 확신을 갖게 됩니다.

한 가지 더 말씀드린다면 죄에 대한 새로운 자각이 생깁니다. 오히려 예수 믿는다고 하면서 왜 나는 이렇게 죄에서 벗어나지 못할까 하면서 죄와 씨름하고 죄로 인해 괴로워하고 상심하고 몸부림칩니다. 그것이 중생의 증거입니다. 거듭나지 않은 사람은 죄와 공존합니다. 죄에 대해서 자각이 없고 문제의식도 없습니다. 그러나 성령으로 거듭났기 때문에 죄에 대한 예리한 자각, 새로운 자각, 새로운 눈뜸이 우리에게 있습니다.

확신

여러분은 예수님이 그리스도이신 것을 확신합니까? 주님의 뜻대로 살고 싶고, 계명에 순종하고 싶고, 이웃을 사랑해야 한다는 마음이 있습니까? 하나님이 나의 아버지 되시니 내 구원이 확실하다는 확신이 있습니까? 무엇보다도 죄를 미워하고, 죄와 싸워 이겨야 한다는 생각이 있습니까? 이런 것들은 우리가 노력해서 얻은 것들만이 아닙니다. 성령께서 이루어 주시는 변화입니다. 이 거듭남은 하나님의 일이고, 전적으로 하나님이 주권적으로 일으키시는 일이지만, 이 거듭남이 경험적으로 확인되는 측면이 또한 분명히 있습니다. 그것이 우리의 책임입니다. 그것이 우리에게 요구되는 회심입니다. 부디 우리 모두 성령으로 거듭나서 하나님 나라를 보고 그 하나님 나라로 들어가서 그 하나님 나라의 실재를 매일 매일 체험하며 살아갈 수 있기를 바랍니다.

10장 | 회개

"그런즉 이스라엘 온 집이 정녕 알지니 너희가 십자가에 못 박은 이 예수를 하나님이 주와 그리스도가 되게 하셨느니라 하니라. 저희가 이 말을 듣고 마음에 찔려 베드로와 다른 사도들에게 물어 가로되 형제들아 우리가 어찌할꼬 하거늘 베드로가 가로되 너희가 회개하여 각각 예수 그리스도의 이름으로 세례를 받고 죄 사함을 얻으라. 그리하면 성령을 선물로 받으리니"(행 2:36-38).

복음주의 신앙, 성경적 신앙

하나님의 사랑이 예수 그리스도를 우리에게 주심으로써 나타나셨다고 하는 것이 복음입니다. 진리도 마찬가지입니다. 진리를 추구한다고 할 때 반대할 사람은 아무도 없습니다. 그런데 "참된 진리는 복음 안에 있다. 그래서 예수를 믿어야 구원을 얻는다. 이 복음이 진리다"라고 말하면 당장엔 반대에 부딪힐 것입니다. 가톨릭처럼 이를 절대적으로 주장하지 않으면 큰 호응을 얻습니다. 관대하고 품이 넓은 사람이라는 인상도 줍니다. 하지만 이것을 포기하면 적어도 그리스도인은 아닙니다.

복음주의 신앙은 다른 말로 하면 성경적 신앙입니다. 성경에서 가르친 대로 믿자고 하는 것입니다. 그런데 성경적 신앙에 따라 기독교인들이 바른 신앙생활을 할 때, 우리는 세상 앞에 어떤 모습으로 드러날까요? 세상은 두 가지 반응을 보일 것입니다. 한편으로는 우리를 핍박하고 반대할 것입니다. 복음은 곳곳에서 반대에 부딪혔고 바울은 믿지 않는 자들에게 '십자가의 도'(복음)는 거치는 것이 된다고 말했습니다. 그래서 우리가 신앙생활을 제대로 하면 가는 곳마다 환영을 받는 것이 아닙니다. 도리어 반대를 만날 수 있습니다. 물론 늘 복음 때문에 반대를 받는 것은 아닙니다. 안타깝게도 기독교가 세상의 반대를 받고 조롱을 당하고 경멸을 받는 이유가 진리 때문이 아니라 우리가 진리를 따라 존경받을 만하게 살지 못하기 때문이기도 합니다. 말과 삶이 달라서 세상이 우리를 향해 조소하고 손가락질을 하는 안타깝고 비극적인 현실을 맞닥뜨리고 있습니다.

복음대로 살면 부딪힙니다. 다른 이유는 그들이 성령으로 거듭나지 않고는 예수님을 알 수 없기 때문입니다. 동시에 복음대로 사는 사람들의 변화된 마음, 변화된 인품, 변화된 삶에서 나온 향기 때문에, 세상은 한편으로는 그리스도인을 흠모하지만 다른 한편으로는 박해합니다.

이것이 복음을 향한 세상의 양면적인 반응입니다. 저는 한국 기독교, 특별히 개신교의 문제는 우리가 복음의 영광과 능력을 제대로 드러내지 못한 데서 비롯되었다고 생각합니다. 그 결과 참된 복음이 증거될 때 나타나야 할 반대와 거부 반응은 없고 동시에 존경과 흠모도 없습니다. 믿음 때문에 핍박 받는 것이 아니라 믿음대로 살지 못해서 핍박을 받고 있고, 다른 한편으로 타락하고 타협하고 세속화된 기독교의 모습 때문에 세상에 아무 저항 없이 잘 섞여 살고 있기도 합니다.

회심의 필수성

회심하지 않은 '소위' 그리스도인

문제는 무엇입니까? 해결책은 무엇입니까? 저는 두 가지가 문제라고 생각합니다. 첫째, 교회에는 출석은 하지만 아직 회심하지 않은 사람들이 너무 많습니다. 중생하지 않은 사람, 영적인 생명을 갖지 못한 사람들이 너무 많습니다. 둘째, 회심한 사람들이 성령의 충만함을 받아 잘 살아야 하는데 그렇지 못하고 있습니다. 이 두 가지 문제는 반드시 해결되어야 합니다. 복음주의 교회들이 복음주의 신앙을 제대로 드러내고 증거의 삶을 감당하려면 복음을 밝히 설명하고 전함으로써 회심의 역사가 일어나도록 해야 합니다.

중생과 짝을 이루는 회심에 대해서 살펴봅시다. 내가 지도한 학생이 "목사님, 중생은 하나님이 하시는 일이고, 회심은 우리가 하는 일이잖아요?"라고 말한 적이 있습니다. 저는 깜짝 놀랐습니다. 목사님들 입에서도 그런 이야기가 나오는 것을 들어본 적이 없기 때문입니다. 목사님들도 관심이 없습니다. 중생과 회심의 차이점이 무엇인지, 중생은 어떻게 일어나고, 회심은 어떻게 일어나는 것인지 분간하지 못하기도 합니다. 신학을 했으니 이론적으로는 알지 몰라도 한 인간의 변화에 대해 크게 주의를 기울이지 않고 있는 것 같은 목사님들을 의외로 많이 봤습니다. 하물며 성도들 가운데 그런 관심을 갖고 있는 분들은 더욱 보기 힘듭니다. 그런데 이론적으로도 정확히 알고 계시니 놀라서 그 자매에게 질문했습니다. "자매님, 지금 이야기한 그 내용을 알고 말하는 겁니까?" 조금 대화를 해 보니까 정확히 파악하고 있었습니다. 제가 여러분에게 "중생이 무엇이고 회심이 무엇인지 설명해 주실 수 있습니까?"라고 질문하면 대답할 수 있겠습니까?

구원의 문제, 하나님의 자녀가 되는 문제를 우리가 다룰 때 중생과 회심은 너무나도 중요합니다. 미국에 와서 살면서 영주권만 가지고 거주할 수도 있고, 방문비자로 거주할 수도 있습니다. 하지만 미국의 시민권을 취득하겠다고 한다면 무엇이 제일 중요합니까? 어떻게 시민권을 따서 시민이 될 수 있는지 그 과정을 알고 절차를 밟는 것이 중요합니다. 하나님 나라의 백성이 되는 것도 마찬가지입니다. 어떻게 하나님 나라의 백성이 됩니까? 중생과 회심은 그리스도인이 되는 과정을 보여줍니다. 둘 간에 다른 점이 있습니다. 중생은 전적으로 하나님이 하시는 일입니다. 중생은 우리의 죽은 영이 살아나는 일입니다. 우리가 죽어 있다면 스스로 살아날 수 있습니까? 불가능합니다. 살아나는 일은 누군가가 나에게 생명을 주어야 가능합니다. 그래서 생명이신 하나님께서 영적으로 죽은 우리에게 생명을 주시는 일, 우리를 살리시는 일이 중생이고, 그것은 철저히 하나님의 일입니다. 이 중생은 내적 사건입니다. 우리가 의식하지 못하는 경우가 더 많습니다. 그렇게 내적으로 일어난 중생이 외적으로 표현되고 우리가 의식적으로 경험하고 알게 되는 측면이 바로 회심입니다. 중생은 우리 안에서 내적으로 하

나님이 일으키시는 사건이라면, 회심은 우리가 의식적으로
체험하고 변화되는 과정입니다.

중생과 회심

중생은 전적으로 하나님이 하시는 일이고 회심은 우리가
하는 일입니다. 물론 우리가 독자적으로 하는 것이 아니고
하나님의 은혜와 하나님의 도우심 속에서 합니다. 중생의
결과 회심이 뒤따르기 때문입니다.

중생이 먼저입니까, 회심이 먼저입니까? 둘은 시간적인
순서의 문제가 아닙니다. 논리적인 순서입니다. 사실 동시
적으로 일어납니다. 어떤 사람이 변했다면, 그것은 하나님
께서 그 죽은 사람의 영을 살려주셨기 때문에 변화가 일어
난 것입니다. 그렇게 말할 때 이것을 중생이라고 표현합니
다. 그런데 하나님이 하신 일의 증거, 즉 겉으로 드러난 표
현이나 체험을 가리켜 회심이라고 합니다. 그래서 회심과
중생은 동시적인 사건입니다. 다만 중생은 과정이 아니라
한 시점에 일어나는 일이라면, 그것을 경험하는 회심은 과
정적입니다. 한 사람의 회심은 일정 기간을 지나면서 이루
어지는 경우가 많습니다.

회심은 돌아서는 것

회심이란 무엇인가? 영어로는 conversion입니다. 그런데 이 회심이란 말에 가장 근본적인 뜻은 "돌이키다"입니다. "turn" 한다는 말입니다. 데살로니가전서 1장 9절에 이런 말씀이 있습니다. "저희가 우리에 대하여 스스로 고하기를 우리가 어떻게 너희 가운데 들어간 것과 너희가 어떻게 우상을 버리고 하나님께로 돌아와서 사시고 참되신 하나님을 섬기며" 이 구절은 사도 바울이 데살로니가에 가서 복음을 전하고 그 결과 일어난 변화를 회상하는 내용입니다. 그들에게 일어난 변화는 '우상을 버렸습니다.' 복음을 듣기 전까지는 그리스-로마 신화에 나오는 여러 잡다한 신들을 섬겼습니다. 그 신들이 다름 아닌 우상입니다. 거짓 신들입니다. 그런데 복음을 듣고 나서 그 우상을 버렸습니다. 여기서 '버렸다'는 표현은 원문에서는 전치사 "from"입니다. "from idols"은 우상으로부터 돌이킨다는 뜻입니다. 그 다음에 우상으로부터 돌이켜서 무엇을 향해 옵니까? 하나님입니다. 우상을 버리고 하나님께로 돌이켰습니다. 하나님을 어떻게 표현합니까? '사시고 참되신 하나님을 섬긴다'고 말합니다. 우상을 버리고 하나님께로 돌아와서 그 하나님을 섬기는 것, 이것이 데살로니가 교인들에게 일어난 변화였습니다. 이것이 회심입니다.

여기서 '사시고 참되신 하나님'이라는 표현은 우상과 완전히 대조되는 모습입니다. 우상은 어떤 것입니까? 첫째 죽은 존재입니다. 우상에게는 생명이 없습니다. 우상은 한마디로 아무 것도 아닌 것(nothing)입니다. 인간이 돌이나 나무를 깎아서 세워 놓고 신이라고 부르는 얼토당토 않은 것이 우상 숭배입니다. 우상은 살아계신 하나님과 반대되는 죽어 있는 것입니다. 그래서 거짓된 우상, 죽어 있는 우상으로부터 돌이켜서 살아계시고 참되신 하나님께로 돌아와서 그 하나님을 섬기는 것, 이것이 회심입니다.

회심 = 회개 + 믿음

회심에는 두 가지 측면이 있습니다. 하나는 회개입니다. 회개는 죄와 우상으로부터 돌이키는 것입니다. 그 다음은 믿음입니다. 이 믿음은 하나님을 향해 나아가는 것입니다. 그래서 회개와 믿음, 회개+믿음을 회심이라고 부릅니다. 그 중에서 오늘은 회개를 생각해 보려고 합니다. 중생과 회심이 동전의 앞 뒷면과 같으며, 이것은 시간적 순서라기보다는 논리적 순서라고 했습니다. 마찬가지로 회개와 믿음도 그렇습니다. 회개와 믿음도 논리적인 순서는 말할 수 있지만 시간적 순서는 아닙니다. 믿음과 회개가 동시에 일어납니다. 어떤 신학자들은 믿음을 더 앞세우기도 합니다. 믿음이 있기 때문에 회개가 일어난다는 것입니다. 그런데 성경의 전체적인 표현을 보면 항상 회개가 먼저 나옵니다. 회개하고 믿습니다. 여러분은 시간적 순서를 생각하지 않아도 좋습니다. 그것은 중요하지 않습니다. 중요한 것은 우리에게 일어난 어떤 변화입니다.

정리하면 이렇습니다. 우리에게 어떤 변화가 일어났습니다. 그런데 그 하나의 사건을 우리가 깊이 묵상하고 파고 들어가 보면 거기에 하나님이 하신 일이 있습니다. 우리는 그것을 중생이라고 부릅니다. 그것이 논리적으로 원인이 되고 먼저입니다. 하나님이 하신 중생의 결과 우리는 반드시 회심하게 되어 있는데, 그 회심은 한편으로는 돌이키는 측면이 있고, 다른 한편으로는 어떤 것으로 향하는 측면이 있습니다. 이것이 각각 회개와 믿음입니다. 이것 역시 동시적인 사건입니다. 결국 이 과정을 통해 우리가 변화됩니다. 달라집니다. 그래서 이전의 모습을 버리고 새 모습으로 탈바꿈합니다. 이것이 중생이고 회심입니다.

베드로의 오순절 설교

회개가 무엇인지를 보여주는 본문이 사도행전 2장입니다. 오순절 때 일어난 일입니다. 오순절은 유월절, 초막절과 함께 이스라엘의 삼대 절기 중 하나입니다. 오순절이 오기까지 제자들은 한 곳에 모여서 간절히 성령이 임하기를 기도하고 있었습니다. 그런데 이 오순절 날 기도하고 있던 제자들에게 어떤 일이 일어납니다. 성령이 강림하십니다. 주님께서 약속하신 그 성령이 오셨습니다. 성령님이 오신 것이 그들에게 방언 현상으로 나타났습니다. 불의 혀같이 갈라지는 것이 각 사람의 머리 위에 임하고, 각 사람이 성령의 인도하심을 따라 각각 다른 방언으로 말하기 시작했습니다. 예루살렘에 모인 유대인들이 이전엔 본 적이 없는 사건이었습니다. 급하고 강한 바람 같은 소리가 났습니다. 도대체 어떻게 된 일입니까? 그래서 사도들이 기도하던 그 장소로 사람들이 다 몰려들었습니다. 어떤 사람들이 조롱하며 말합니다. "이 친구들, 술에 취했구만. 아침부터 술에 취하다니." 꼭 술에 취한 사람처럼 보였던 모양입니다. 그러자 베드로가 서서 설교하기 시작합니다. "때가 제 삼시니" '삼시'는 말은 오전 아홉 시라는 뜻입니다. "오전 아홉 시에 누가 술 취하겠느냐? 누가 아침부터 술을 마시고, 그것도 한

두 명도 아니고 이렇게 수없이 많은 사람이 이런 모습을 보이겠는가?"라고 반박하고 있는 겁니다.

요엘의 예언 성취

그렇다면 이것은 어떤 현상입니까? 베드로는 두 가지를 말합니다.

첫째, "이것은 선지자 요엘이 예언한 것이 성취된 사건이다. 그래서 하나님께서 말세에 내가 내 영을 내 남종과 여종에게 부어줄 것이다. 그래서 성령을 부어주시겠다고 약속하신 그 예언, 그것이 너희 보는 앞에서 이루어지고 있는 것이다."

둘째, 베드로는 어떻게 이 요엘의 예언이 너희 유대인들 눈앞에서 성취되었는지를 설명합니다. 그것은 유대인들이 십자가에 예수를 못 박았지만 하나님께서 그 예수를 살려 하나님 우편에 앉히셨고, 그 하나님 우편에서 예수께서 너희가 보는 대로 이 성령을 하나님 아버지로부터 받아서 보내셨다고 설명합니다. 요엘서의 성령강림 예언이 성취된 것은 바로 예수님을 통해서라고 설명한 것입니다. "너희는 예수님을 십자가에 못 박았지만 하나님께서 예수를 다시 살리사 주와 그리스도가 되게 하셨느니라."

예수님이 부활하시고 승천하셔서 하나님 우편에서 하나님으로부터 성령을 받아서 부어 주신 사건이 오순절 성령 강림 사건입니다. 여러분, 유대인의 입장에서 이 이야기를 듣는다고 가정해 보십시오. 어떤 느낌이 들겠습니까? 만약 베드로의 말이 사실이라면, 어떻게 다른 설명이 가능하겠습니까? 지금 눈앞에 보이는 놀라운 성령의 역사를 어떤 다른 말로 설명하겠습니까? 이것은 집단 히스테리다, 집단적으로 미쳤다고 말하겠습니까? 정신 나간 사람들로 보기에는 그들은 너무나 멀쩡했습니다. 너무나 정신이 맑고 또렷했습니다. 그뿐 아니라 너무나 거룩했습니다. 이들의 얼굴에서는 광채가 났을 것입니다. 그러니 술에 취했다든지, 미쳤다든지, 정신착란을 일으켰다고 말할 수 없었습니다. 그렇다면 그 성령의 체험을 한 당사자 베드로가 한 말이 맞지 않겠습니까?

그런데 그 내용이 맞다면 이 유대인들은 큰일 난 것입니다. 자기들이 이 메시아 예수를 못 박아 죽였기 때문입니다. 그 중에 지도자들은 직접 예수 죽이는 일을 공모했고, 지도자가 아니라 할지라도 거기 있었던 사람이라면 빌라도의 재판정 앞에서 예수를 십자가에 못 박으라고 외쳤던 사람들도 있었을 것입니다. 그래서 그들이 이 말을 듣자 '마음에 찔림을 받았다'고 성경은 말합니다. 그래서 그들이 어떻게 반응을 했는가 하면 "형제들아, 어찌할꼬?" 하였습니다. 정말 큰일 났는데, 이제 메시아를 죽인 우리가 어떻게 하면 좋겠느냐고 물은 것입니다. 다급한 반응입니다. 이에 베드로가 그들에게 권고합니다. "베드로가 가로되 너희가 회개하여 각각 예수 그리스도의 이름으로 세례를 받고 죄사함을 얻으라. 그리하면 성령을 선물로 받으리니." 베드로는 두 가지를 말합니다.

회개해라. 예수님을 십자가에 못 박아 죽이고 하나님이 보내신 메시아, 구세주를 너희들이 거부하고 믿지 않았던 그 죄를 회개하라. 둘째, "세례를 받으라." 세례를 받으라는 말은 믿으라는 뜻입니다. 믿고 세례를 받는 것입니다. 그래서 세례는 의식만 말하는 것이 아니고 예수님을 받아들이라는 뜻입니다. 이전에는 예수님을 거부했지만 이제는 예수님을 믿고 영접하고 받아들이라는 것입니다. 그래서 회개와 세례는 다른 말로 '회개와 믿음'입니다. 회심을 요구한 것입니다. "너희의 잘못으로부터 돌이켜라. 회개하라. 그리고 믿고 받아들여라. 그분을 향해서 믿음으로 나아가라." 이것이 회심입니다. 그렇게 하면 어떤 일이 일어납니까?

두 가지를 말합니다. "너희가 죄사함을 받을 것이다." 그리고 "성령을 선물로 받을 것이다."

회개

새 언약의 약속 – 죄 용서/성령

제가 새 언약이 약속하는 이 두 가지를 여러 차례 반복해서 이야기했습니다. 그것은 죄의 용서와 성령님을 주시는 것입니다. 베드로는 바로 이 새 언약의 약속을 언급하고 있는 것입니다. "너희들이 회개하고 예수님을 믿고 그 이름으로 세례를 받으면, 새 언약의 백성이 될 것이다. 새 언약 안으로 들어올 것이다. 그렇게 하면 너희의 모든 죄를 사함 받고 성령을 선물로 받게 될 것이다." 베드로의 이 권고를 듣고 어떻게 반응합니까? 그날에 삼천 명이 회개하고 세례를 받고 변화되었습니다. 그 결과 그들에게는 어떤 구체적인 변화가 일어납니까? 기쁨이 충만했습니다. 늘 모이기에 힘쓰고, 날마다 집에 있든지 성전에 있든지 기쁨으로 떡을 떼고, 심지어 자기 물건을 제 것이라고 하지 않고 서로 나누어 쓰고, 그 결과 사람들로부터 칭송을 받았습니다. 참으로 놀라운 변화가 아닐 수 없습니다. 이것이 회심이고 회개입니다. 그 중에서 회개에 좀더 초점을 맞추어서 설명하겠습니다.

회개(metanoia)란?

나는 참으로 회개한 적이 있습니까? 나는 참으로 돌이킨 적이 있습니까? 스스로 질문해 보시기 바랍니다. 회개와 종류가 비슷한 것들이 있습니다. 그러나 그것들은 진정한 회개에는 이르지 못하는 유사 체험들입니다. 회개는 돌이키는 것입니다. 죄로부터, 불신으로부터, 우상숭배로부터 돌이키는 것입니다. 그 돌이킴은 전인격적인 사건입니다. 단지 감정의 차원에 머물지 않습니다. 생각의 차원에 국한되지 않습니다. 우리의 생각과 감정과 의지를 모두 포함하는 전인격적인 변화, 그것이 회개입니다.

생각(mind)의 변화: 죄에 대한 깨달음/관점의 변화

회개의 가장 근본적인 뜻은 생각, 즉 마음의 변화(change of mind)입니다. 베드로의 설교를 들은 유대인들은 어떤 변화가 일어났습니까? 그들은 베드로의 설교를 사실로 받아들였습니다. 옳다고 인정했습니다. 그 결과 '우리가 어찌할꼬?'라고 반응했습니다. 이들에게 관점의 변화가 일어났습니다. 베드로의 설교를 듣기 전까지 어떻게 생각했고 어떤 관점을 가지고 있었습니까? 예수님을 하나님의 아들이라고 생각하지 않았습니다. 메시아라고 생각하지 않았습니다. 예수는 신성모독죄를 범하고 하나님의 저주를 받아 죽었다고 생각했습니다. 그래서 예수님을 거부했고, 대신에 자기들이 얼마나 교만하고 하나님 앞에서 얼마나 큰 죄인인지를 모르고 있었습니다. 스스로 의롭다고 여겼고, 하나님 뜻대로 행한다는 착각 속에 빠져 살았습니다. 그런데 베드로의 설교를 듣고 그들의 생각이 달라졌습니다. 새롭게 깨달았습니다. 인식이 바뀌었고, 관점이 바뀌었고, 세계관이 바뀌었습니다. 우리가 복음을 전파할 때 일어나기를 기대하는 첫 변화는 그 복음의 내용을 깨달음으로써 생각이 바뀌는 것입니다. 예수가 하나님의 아들이시고 주님이시고 그리스도이신 것을 깨달아야 합니다. 이것이 생각의 변화의 시작입니다.

어떤 사람들은 이 생각의 변화를 중요하게 생각하지 않지만, 만약 생각이 바뀌지 않으면 그 사람은 바뀌지 않습니다. 생각의 변화 없이 순간적인 분위기 때문에 감정적으로 몰입하는 것을 회개라고 착각할 수도 있습니다. 감정이 얼마나 변덕스럽고, 우리 자신을 잘 속이고, 믿을 수 없는 것인지 아십니까? 저는 갈수록 눈물이 너무 많아지고 흔해졌습니다. 우리나라가 경기에서 이기면 눈물이 납니다. 애국가만 들어도 눈물이 납니다. 그렇다고 제가 애국자는 아닙니다. 늘 나라를 염려하고 걱정하는 사람도 아닙니다. 후원을 요청하는 영상을 보면 눈물이 나는데 후원하는 데까지 나아가지 못할 수도 있습니다. 너무나 감상적이었을 뿐입니다. 특히 여자 성도들이 많이 웁니다. 그런데 회개의 울음이 아니라 자기 설움에 겨워서 우는 경우도 있습니다. 남편에게 많이 구박받는 이웃집 여자를 찾아가서 같이 웁니다. 단순히 이웃집 여자가 불쌍해서만은 아닙니다. 내가 당한 설움이 떠올라 공감이 되기 때문입니다. 그런데 그 사람이 진심으로 마음이 변화되어 그런 사랑을 갖게 된 것은 아닐 수 있다는 것입니다. 시간이 지나면 금세 잊어버립니다. 따라서 깨달음이 먼저 와야 합니다.

유대인들은 자기들이 무슨 일을 저질렀는지 드디어 깨달았습니다. '예수가 바로 주님이시며 그리스도이셨는데, 우리가 생명의 주를 죽였구나!' 생각의 변화는 어떻게 일어납니까? 이때 필요한 것이 말씀입니다. 하나님의 말씀은 진리입니다. 말씀이 선포되고 복음이 선포되고 진리가 선포되면, 그 순간 우리가 가지고 있던 잘못된 생각이 교정되고, 우리가 오류에 빠져 있음을 깨닫게 됩니다. 깨달음이 먼저 오고 생각의 변화가 뒤따라 일어납니다. 이것이 출발점입니다. 회개란 생각의 변화입니다.

감정(emotion)의 변화: 죄에 대한 애통함

회개는 단순히 생각의 변화에서만 그치지 않습니다. 제가 생각의 변화 없는 감정의 변화의 위험성을 말씀드렸는데, 생각의 변화는 있지만 감정의 변화는 전혀 없는 경우도 있을 수 있습니다. 그런 것은 회개가 아닙니다. 내가 갖고 있던 정보를 수정하는 것이 회개는 아닙니다. 예수님에 대한 어떤 견해를 바꾸는 것 정도의 견해 변화는 회개가 아닙니다. 생각이 변한다는 것은 근본적인 자세의 변화입니다. 자세의 변화는 마땅히 감정의 변화를 동반합니다. 유대인들의 반응을 보십시오. "어찌할꼬?" 저희가 마음의 찔림을 받아 "어찌할꼬"라고 표현하지 않습니까? 진정한 회개에는 감정의 변화가 있습니다. 물론 이 감정의 변화에 어떤 기준이 있는 것은 아닙니다. 사람에 따라서 눈물을 펑펑 쏟고 데굴데굴 구르면서 회개하는 사람도 있습니다. 그렇지만 눈물을 안 흘릴 수도 있습니다. 마음속으로 깊이 느끼는 사람도 있습니다. 감정을 일반화할 수는 없습니다. 사람마다, 기질마다, 성격마다 다 다릅니다. 그렇지만 감정의 변화를 동반하는 것은 분명합니다. 가장 중요한 감정의 변화는 내 죄에 대한 애통함입니다. "내가 죄인이었구나." 하는 분명한 느낌을 받습니다.

영어로 회개와 비슷한 단어가 있습니다. 그것은 remorse입니다. 영어로 회개를 repentance라고 합니다. remorse를 굳이 우리말로 옮긴다면 '후회스러운 감정' 정도 될 겁니다. 우리가 회개한다는 것, 나의 죄에 대해 애통해하고 참회하는 것은 단순히 후회하는 것과는 다릅니다. 회개와 비슷하지만 회개 아닌 것들이 있는데, 가장 대표적인 것이 후회입니다. remorse입니다. 성경에서 이것을 보여주는 대표적인 인물이 둘 있습니다. 첫째는 에서입니다. 그는 장자권을 가볍게 여겼습니다. 자기가 배고플 때 팥죽 한 그릇에 장자권을 팔아 버렸습니다. 나중에 통곡하면서 그 일에 대해서 애통해 합니다. 그렇지만 진정한 회개는 아니었습니다. 그것은 후회였을 뿐이고 자기 연민이었을 뿐입니다. remorse와 repentance는 어떻게 다릅니까? 후회는 자기중심적입니다. 내가 실패했다는 것입니다. 내가 권리를 상

실했다는 것입니다. 내가 어리석은 짓을 했다는 것입니다. '왜 나는 이 모양일까?' 하고 나를 쥐어박는 것입니다. 내가 성공하지 못하고 실패한 것, 내가 제대로 하지 못하고 일을 망친 것, 그런 내가 원망스럽고 미운 감정입니다. 문제의 핵심은 내 자존심이 상하는 사실에 있습니다. 다른 한 사람은 가룟 유다입니다. 가룟 유다가 예수님을 팔고 나서 나중에 후회합니다. 내가 의로운 자를 팔았다고 후회합니다. 그래서 그 돈을 다시 돌려줍니다. 하지만 유다는 회개하는 데까지는 이르지 않았습니다. 회개는 하나님 중심으로 일어납니다. 회개의 감정은 내가 잘못하고, 내가 실수하고, 내가 넘어지고, 내가 실패한 것에만 집중하지 않습니다. 내가 하나님을 아프게 했다는 사실에 더 주목합니다. 내가 그분의 뜻을 거역했다는 것입니다. 내가 그분을 십자가에 못 박았고, 그분을 팔았고, 경홀히 여겼음을 가슴 아파하는 것이 회개입니다. 그래서 회개는 후회에서 그치지 않고 나를 바꾸고 교정하고, 그래서 내가 달라지는 열매를 맺으려고 합니다.

의지(will)의 변화: 방향 전환(참된 회개는 행동 변화 수반함)

회개가 요구하는 셋째 변화는 의지의 변화입니다. 이것

이 방향전환입니다. 생각이 바뀌고 감정이 바뀌어도 의지가 바뀌지 않으면 방향전환은 일어나지 않습니다. 방향전환은 결국 뜻을 바꾸고 의지를 바꾸고 그것이 행동으로 드러나야 하는 어떤 것입니다. 그래서 세례 요한은 회개하겠다고 세례를 받으러 나오는 바리새인들과 서기관들에게 회개에 합당한 열매를 맺으라고 질타한 것입니다. 참 회개이고 진정한 돌이킴인지를 알 수 있는 길은 열매를 통해서입니다. 실제적인 삶에 일어나는 변화를 통해서입니다. 회개에 합당한 열매를 맺어야 합니다. '나는 너무 인색했어', '나는 너무 욕심이 많았어'라고 회개하는 사람이 있다고 합시다. 진정한 회개라면 어떤 일이 벌어져야 합니까? 인색하게 살면 안 됩니다. 남을 도와야 합니다. 남에게 베풀어 주어야 합니다. 말로는 "인색하게 산 것이 잘못이었어."라고 하면서 여전히 인색하고, 여전히 움켜쥐고 남을 도울 줄 모른다면 회개가 아닙니다. 그래서 진정한 회개의 대표자는 베드로입니다. 베드로도 잘못했습니다. 예수님을 세 번이나 부인했습니다. 베드로는 심하게 통곡했습니다. 그 후에 베드로는 어떻게 달라졌습니까? 베드로는 결국 예수님을 위해 살다가 자기도 십자가에 못 박힙니다. 하지만 가룟 유다나 에서는 회개가 아닙니다. 그들의 삶이 달라지지 않았기 때문입니다. 그들은 후회에서 그쳤습니다.

회개는 하나님의 선물

회개는 하나님의 선물입니다. 회개는 우리가 하는 것이지만, 하나님께서 할 수 있게 해 주셔서 하는 것이 회개입니다. 어떤 사람들은 "회개하라, 회개하라" 하면 그 말에 굉장히 부담을 느끼고 마음이 움츠러듭니다. 그러나 여러분, 속이 불편할 때, 상한 음식을 먹고 속이 아주 불편할 때 토하고 싶지 않습니까? 내 속에 있는 못 된 것들, 나쁜 것들 다 토해내고 싶지 않습니까? 영적으로 회개는 죄를 토하는 것입니다. 그 죄를 품고 있으면 어떻게 됩니까? 내가 계속해서 영혼의 독인 죄와 악과 미움과 하나님의 뜻에 반대되는 모든 것을 내 속에 품고 있으면 누가 죽습니까? 우리 죽습니다. 죄를 계속 품고 있으면 죽습니다. 악이 계속 내 심령을 사로잡고 있으면 우리는 죽습니다. 이 더러운 것, 이 악하고 나쁜 것, 우리를 해롭게 하는 이것을 토해내야 합니다. 하나님께서 우리의 심령의 죄를 토해 내지 않고서는 견딜 수 없는 마음을 일으켜 주시는 것입니다. 그래서 이 회개가 선물인 것입니다. 여러분, 토하고 싶지 않습니까? 결정적인 방향 전환의 순간이 있다는 점에서 회개는 순간적입니다. 그러나 한 번 방향 전환한 사람들은 그 회개의 정신을 늘 품고 삽니다. 늘 죄로부터 돌이켜서 죄를 멀리하고, 죄를 미워하고, 죄를 자백하면서 하나님 뜻대로 살고자 하는 회개의 심령은 계속해서 이어져야 합니다. 여러분, 회개하셨습니까? 동시에 매일 매일 회개의 삶을 살아가고 계십니까?

점검 방법: 죄를 미워함

여러분이 내가 죄를 정말 회개했는지 안했는지를 점검하는 한 가지 방법이 있습니다. 여러분이 죄를 미워하시는지를 보면 됩니다. 내가 지은 죄는 나의 실패이기 이전에 나를 그토록 사랑하신 하나님의 가슴에 못을 박은 행위인 것을 알아야 합니다. 내 마음이 정말 회개의 심령으로 가득 차게 해 달라고, 나의 일생 회개자로 살아가게 해 달라고, 우리 그렇게 기도하기를 바랍니다.

"내 형제들아 만일 사람이 믿음이 있노라 하고 행함이 없으면 무슨 이익이 있으리요. 그 믿음이 능히 자기를 구원하겠느냐. 만일 형제나 자매가 헐벗고 일용할 양식이 없는데 너희 중에 누구든지 그에게 이르되 평안히 가라, 더웁게 하라, 배부르게 하라 하며 그 몸에 쓸 것을 주지 아니하면 무슨 이익이 있으리요. 이와 같이 행함이 없는 믿음은 그 자체가 죽은 것이라"(약 2:14-26).

지금 우리는 '복음주의 신앙'이라는 큰 주제 아래 성부 하나님의 계시, 성자 하나님의 구속, 성령 하나님의 중생하게 하심에 대해서 차례대로 생각해 보고 있는데, 특별히 중생과 회심을 구분해서 상고했습니다. 중생은 전적으로 하나님이 하시는 일이며 우리 안에 내적으로 일어나는 변화입니다. 반면에 회심은 우리가 하는 일이며 하나님의 은혜와 도우심을 힘입어 우리 내면에서 일어난 중생의 변화가 바깥으로 드러나는 것이라고 했습니다. 회심은 회개+믿음인데, 한편에서는 죄와 우상으로부터 돌아서는 것이고 다른 한편에서는 살아계신 하나님을 향하여 믿음으로 나아가는 것입니다. 회개와 믿음을 합쳐서 회심이라고 하는데, 그 중에서 회개를 먼저 살폈고 오늘은 믿음에 대해서 같이 나누겠습니다.

회개는 생각과 감정, 의지의 변화를 수반하는 전인격적인 일이라고 했습니다. 회개와 비슷한 것으로 후회가 있습니다. 어떤 행동에 대해서 후회하는 마음을 의미합니다. 자기가 행동한 것에 대해 뉘우치는 마음입니다. 그러나 그것은 하나님 중심의 감정이 아니고 자기중심의 반응입니다. '왜 내가 실패했을까?', '왜 내가 그렇게 했을까?'라고 자기가 한 행동에 대해 후회하지만, 그것을 자기 실패라고 여기고 자기중심적으로 후회할 뿐 하나님 앞에서 범죄하여 그분의 마음을 아프게 했다는 생각은 별로 없습니다. 그것은 하나님 중심의 뉘우침은 아닙니다.

요즘에는 교회에서 가장 많이 선포되는 메시지가 행복입니다. 예수 믿으면 행복해질 수 있다고 합니다. 과거에 예수 믿으면 성공할 수 있다고 했던 메시지보다는 덜 노골적인 기복주의입니다. 교묘한 기복주의 혹은 세련된 기복주의라고 할 수 있겠습니다. 물론 예수 믿으면 행복해집니다.

그런데 우리가 참으로 행복해지려면 우리 자신을 잊어야 합니다. 우리 자신을 부인해야 됩니다. 하나님 중심의 사람이 될 때만 행복할 수 있습니다. 그런데 내가 살아 있고, 내 욕심을 끊임없이 만족시킴으로써 행복하려고 하는 것은 순간적이고 일시적인 행복일 뿐입니다. 왜 이런 사실이 중요합니까? 중생과 회심과 근본적인 변화가 왜 반드시 필요합니까? 그것은 구원보다 더 중요한 주제는 없기 때문입니다. 중생과 회심은 둘 다 우리 구원과 관련 있는 사건입니다. 중생해야 구원을 얻습니다. 회심해야 구원을 얻습니다. 사람들은 여전히 구원을 죽어서 천국 가는 것이라고 이해합니다. 물론 그것도 포함합니다만 구원은 그것보다 더 근본적인 어떤 사건입니다.

구원이란 무엇인가?

구원은 관계회복

구원은 우리의 창조주이시고 아버지이신 하나님과의 관계를 회복하는 일입니다. 단지 살기 좋은 곳에서 영원히 복락을 누리며 사는 것이 구원의 핵심은 아닙니다. 구원은 우리 존재 자체의 회복입니다. 인간은 어떠한 존재입니까? 인간은 단순히 빵으로만 살 수 있는 육신적인 존재가 아닙니다. 빵을 통해 인간의 문제를 해결하려는 시도가 있었는데, 그가 바로 마르크스식 해결 방법입니다. 그는 경제적인 측면만 강조했습니다. 그런가 하면 성욕이 억눌린 상태에서 그 억압적인 심리상태에서 온갖 고통을 겪는다고 보았던 프로이드 심리학이 있습니다. 이런 관점들은 모두 인간을 바르게 이해한 것이 아닙니다. 인간은 빵만 있으면 되는 육체적인 존재만이 아니고, 억압된 감정이나 욕망을 정서적, 심리적으로 해결하면 되는 존재만도 아닙니다. 인간은 하나님으로만 살아갈 수 있는 영적인 존재들이기도 합니다. 우리는 하나님과 화목해야 하나님의 생명으로 살아갈 수 있는 존재입니다. 그런데 그 관계가 단절된 것입니다. 왜 단절되었습니까? 바로 죄 때문입니다. 죄로 인해서 하나님과 분리되고, 죄로 인해서 하나님과 단절된 것이 지금 우리 인간의 실상입니다. 그래서 인간은 다시 하나님과의 관계가 회복되어야 합니다. 하나님과 먼저 화목해야 합니다. 하나님께로 돌아가야 합니다. 그럴 때 비로소 진정한 인간이 될 수 있습니다. 진정 하나님이 의도하셔서 창조하신 인간으로 새로 창조될 수 있기 때문입니다. 다른 말로 하면, 구원을 통해서만 우리는 진정으로 우리 자신이 될 수 있습니다.

죄의 자기 중심성

우리 안에 어떤 충동이 있습니다. 자기 중심적인 욕망입니다. 끊임없이 내가 인정 받아야 하고, 잘나야 되고, 성공해야 하고, 행복해야 하고, 만족해야 한다는 갈망이 있습니다. 자기만을 중심으로 모든 것을 보고 생각하고 선택하려는 뿌리 깊은 근원적인 문제에 사로잡혀 있습니다. 하지만 이것이 진정한 자기 모습은 아닙니다. 이것은 사탄의 유혹에 넘어간 타락한 모습입니다. 사탄이 하와에게 유혹했습니다: "너도 하나님과 같이 될 수 있어!" 인간은 그 길을 선택했습니다. 인간은 스스로 하나님이 되고자 했고, 하나님의 자리에 자기 자신을 놓았습니다. 근본적으로 인간은 자기 중심적인 존재입니다. 하지만 이것은 참 인간의 모습은 아닙니다. 그래서 끊임없이 자신을 만족시키려고 하지만 그 자기는 허상이고 우상일 뿐입니다. 우리가 구원받고 하나님께로 돌아가야 진정한 자기의 모습을 알게 됩니다. 하나님이 의도하신 참 인간 모습을 회복할 수 있습니다.

궁극적인 하나님의 뜻

여러분의 가장 큰 소원은 무엇입니까? 여러분이 무엇을 가장 많이 기도하는지를 보면 알 수 있습니다. 참 여러 기도 제목들을 두고 간절히 그리고 반복해서 기도할 것입니다. 하지만 그 기도 제목들이 여러분의 궁극적인 바람은 아닐 것입니다. 왜 그런 기도 제목들이 이루어져야 한다고 생각합니까? 왜 하나님께서는 우리 삶에 고난도 주시고 기도에 침묵하기도 하시고 이해할 수 없는 환경으로 인도하실까요?

우리를 향하신 하나님의 뜻은 하나입니다. 그것은 우리가 하나님을 아는 것입니다. 우리에게 여러 다양한 삶의 조건들을 허락하시는 것은 그것을 통해서 하나님을 알게 하시려는 뜻입니다. 그래서 제가 여러분을 위해서 기도할 때 궁극적인 기도 제목은 하나입니다. 저 자신을 위해서 기도할 때도 마찬가지입니다. '주님, 믿음을 주옵소서' 더 큰 믿음, 더 담대한 믿음, 더 굳건한 믿음, 더 확실한 믿음을 달라고 기도합니다. 마음의 눈을 열어 주셔서 하나님을 보게 하시고, 하나님의 뜻을 알게 하시고, 하나님의 거룩하심과 하나님의 자비하심과 하나님의 사랑과 하나님의 은혜를 알게 해 달라고 기도합니다. 믿음은 무엇입니까? 믿음은 하나님을 아는 것입니다. 하나님을 알면 우리가 지금 고민하고 있는 많은 것들, 걱정하고 있는 많은 것들, 우리가 기도하는 모든 것들이 다 해결됩니다. 문제는 우리가 하나님을 모른다는 데 있습니다. 우리 앞에 닥친 경제적인 어려움, 관계적인 어려움 같은 것들이 진정한 문제가 아닙니다. 그것들은 다 우리가 하나님을 모르고 하나님을 믿지 않은 데서 비롯된 것들입니다. 우리 안에 있는 뿌리 깊은 불신과 무지, 또한 하나님께 대한 무관심, 내가 내 인생의 주인 노릇하고 싶어하는 욕심 같은 것들이 문제입니다.

구원에 이르지 못하는 믿음

믿음에 대해서도 회개와 마찬가지로 오해가 많이 있습니다. 성경이 말하는 참 믿음, 회심을 일으키는 믿음이 무엇인지를 살핌으로써 믿음에 대한 오해도 바로잡으려고 합니다. 야고보서 2장 14절에서 이렇게 말합니다.

"내 형제들아 만일 사람이 믿음이 있노라 하고 행함이 없으면 무슨 이익이 있으리요. 그 믿음이 능히 자기를 구원하겠느냐" (약 2:14).

여기 야고보가 어떤 믿음에 대해서 말하고 있습니다. 야고보의 요지는 자기를 구원할 수 없는 믿음이 있다는 것입니다. 그 구원에 이르지 못하는 믿음은 무엇입니까? 구원에 이르지 못하는 믿음도 믿음입니다. 어떤 사람들은 아주 노골적으로 분명하게 공공연히 하나님을 거부합니다. 그럼 누구든 그 사람은 믿음이 없다는 것을 압니다. 그런데 어떤 사람들은 입술로는 하나님을 시인하고 믿는다고 합니다. 교회에도 나오고 세례도 받고 직분도 수행합니다. 누구든 그 사람이 믿음이 있다고 생각할 것입니다. 하나님을 입으로 완전히 부인하는 사람은 믿음이 없는 것이고, 입술로 인정하고 시인하면 참 믿음이라고 나누는데, 그렇지 않습니다. 인정하고 시인하는 그 믿음도 다시 둘로 나눌 수 있습니다. 그렇게 해도 구원에 이를 수 없는 사람이 있고 구원에 이르는 사람이 있습니다.

구원에 이르지 못하는 믿음은 무엇입니까? "행함이 없는 믿음"입니다. "사람이 믿음 있노라 하고 행함이 없으면 무슨 유익이 있으리요. 그 믿음이 능히 자기를 구원하겠느냐" 이것은 반어법입니다. 예상되는 대답은 구원할 수 없다는 것입니다. 야고보는 행함이 없는 사람의 예를 듭니다. "만일 형제나 자매가 헐벗고 일용할 양식이 없는데 너희 중에 누구든지 그에게 이르되 평안히 가라, 더웁게 하라, 배부르게 하라 하며 그 몸에 쓸 것을 주지 아니하면 무슨 이익이 있으리요."

우리는 행함을 말할 때 굉장히 막연하게 말합니다. 내가 완전하지 못하다거나 주님 뜻대로 온전히 행하지는 못할 정도로 부족하다고 말합니다. 행함이 없다는 말을 그런 식으로 표현합니다. 그런데 그는 사실 무슨 말을 하고 싶은가 하면, 완전하게 행할 수 있는 사람은 원래 없지 않느냐 하는 것입니다. 그래서 우리는 "나는 행함이 부족합니다."라고 말하지만, 실제로 어떤 행함이 없다는 것인지, 행하고자 하는 의지는 있는지, 아니면 의지 없음을 가리고 변명하고 얼버무리는 교묘한 회피인지 알 수가 없습니다. 하지만 야고보는 그렇게 말을 섞지 않습니다.

야고보는 아주 분명하게 말합니다. 네 이웃이나 형제가 지금 굶주리고 있다면 바로 도와주라고 합니다. 도와주지 않으면 행함이 없는 것이라고 합니다. "하나님께서 도와주시도록 기도하겠습니다."라고 말한다면, 야고보의 기준으로는 행함이 없는 것입니다. 이런 말을 들으면 정신이 번쩍 나야 합니다. 우리는 항상 교묘하게 회피하고 빠져나가려고 하는 경향이 있기 때문입니다. 내가 그렇게까지 행함이 없는 사람이 아닌 것처럼 보이고 싶어하고, 나만 그런 것이 아니라고 말하고 싶어하는 사람들이기 때문입니다.

행함 없는 믿음은 죽은 믿음

지금 우리는 구원에 관해 다루고 있습니다. 이것은 상급 문제가 아닙니다. 구원은 다 받았는데 행함이 없으면 상급이 적어진다고 말하는 것이 아닙니다. 상급을 더 받으려면 행함도 있어야 한다고 독려하는 것이 아닙니다. 야고보는 지금 우리에게 "이러한 믿음이 능히 너희를 구원하겠느냐?"라고 묻습니다. 이런 믿음으로는 구원 자체를 받을 수 없다는 것입니다. 행함이 없는 믿음, 구체적인 사랑을 실천하는 믿음이 없으면 구원이 없습니다. 행함을 이끌어내는 믿음이 아니라면 참 믿음이 아닙니다. 우리는 야고보의 이 엄중한 경고를 들어야 합니다. 구원에 이르지 못하는 믿음은 행함 없는 믿음이고 죽은 믿음입니다. "이와 같이 행함이 없는 믿음은 그 자체가 죽은 것이라"(2:17). "영혼 없는 몸이 죽은 것 같이 행함이 없는 믿음은 죽은 것이니라"(2:26).

여기 영혼과 몸에 비유하고 있습니다. 몸은 있는데 숨을 쉬고 있지 않으면 죽은 몸입니다. 시체입니다. 마찬가지로 몸이 있듯이 믿음은 있지만, 몸에 호흡이 없듯이 믿음에 행함이 빠지면 죽은 믿음이 됩니다. 이런 믿음은 단순히 지적으로 동의하고 이해하고 입으로 시인하는 믿음입

니다. 지적인 동의와 이해에 그치는 믿음은 구원에 이르지
못합니다.

행함 없는 믿음은 귀신들도 가진 믿음

2장 19절에서 "네가 하나님은 한 분이신 줄을 믿느냐 잘
하는 도다 귀신들도 믿고 떠느니라."고 합니다. 하나님은
한 분이신 줄 믿는 것은 잘 하는 일입니다. 그것은 분명 믿
음입니다. 그런데 이 믿음은 어떤 수준인가 하면, 귀신도
가질 수 있는 수준의 믿음입니다. 그런데 귀신들이 우리보
다 더 나은 믿음을 갖고 있습니다. 그들은 심지어 "믿고 떨
기까지 하기 때문입니다." 두려워합니다. 우리 중에 하나님
을 믿는다고 인정하지만 떨지는 않는 이들이 많습니다. 그
런 점에서 귀신의 믿음이 우리의 믿음보다 더 낫습니다. 현
대 기독교인의 문제는 하나님을 모르고 그래서 그분을 경
외하지 않는 것입니다. 귀신보다 못한 믿음입니다. 그것은
공포스러워 떠는 두려움이 아닙니다. 경외하는 것입니다.
경외함이 없는 믿음은 구원에 이르지 못하는 믿음입니다.

분명히 하나님이 한 분이신 줄 아는 믿음이 있습니다. 하
나님만이 아니라 교리도 잘 아는 사람들이 있습니다. 인간

이 죄인이라는 것도 알고 십자가만이 구원의 길이라는 것도 알고 고백하고 인정할 수 있습니다. 교회 생활도 잘 하고 십일조도 충실하게 할 수 있습니다. 심지어 새벽기도에도 나오고 모든 면에서 열정적으로 참여할 수도 있습니다. 그럼에도 불구하고, 행함이 없는 믿음은 구원에 이르지 못합니다.

회개와 비슷하지만 회개가 아닌 것이 있습니다. 가룟 유다의 후회는 회개가 아니라고 했습니다. 예수님은 그런 유다에 대해 '차라리 어머니 태로부터 나오지 않았으면 좋았을 사람'이라고 평가하셨습니다. 후회의 감정에 그치는 것은 구원에 이르는 믿음이나 회개가 아닙니다. 그런 후회는 행함의 열매를 맺게 할 수 없습니다.

구원에 이르는 믿음

그렇다면 구원에 이르는 믿음(saving faith)은 무엇입니까? 믿음에 대한 오해가 많기 때문에 '믿음'이라는 말 앞에 반드시 '구원에 이르는'(saving)이라는 말을 붙입니다. 회심은 죄와 우상으로부터 돌이켜 살아계시고 참되신 하나님께로 나아오는 것입니다. 이 변화의 한쪽 면이 회개였습니다. 그것은 돌이키는 것입니다. 다른 한쪽 면, 즉 하나님께 돌아가는 것이 믿음입니다. 그런데 이 믿음은 반드시 살아 있는 믿음이어야 합니다. 구원을 주는 믿음이어야 합니다. 야고보의 말대로 하면, 구원에 이르는 믿음은 행함이 있는 믿음입니다. 그는 그 예로 아브라함을 제시합니다. "우리 조상 아브라함이 그 아들 이삭을 제단에 드릴 때에 행함으로 의롭다 하심을 받은 것이 아니냐. 네가 보거니와 믿음이 그의 행함과 함께 일하고 행함으로 믿음이 온전케 되었느니라. 이에 경에 이른바 아브라함이 하나님을 믿으니 이것을 의로 여기셨다는 말씀이 응하였고 그는 하나님의 벗이라 칭함을 받았나니"

아브라함의 믿음

바울은 아브라함의 예를 즐겨 사용했습니다. 로마서 4장 전체가 아브라함의 예에 대한 설명입니다. 로마서 3장 뒷부분에서 바울은 '사람은 믿음으로 의롭다하심을 받는 것이다. 율법의 행위로는 의롭다 함을 받을 육체가 없다.'라고 했습니다. 이렇게 단정 짓고 '오직 믿음으로만 의롭다하심을 받는다'라고 선언했습니다. 그리고 그 예를 아브라함에서 가져왔습니다. 그런데 아브라함이 하나님께 의롭다하심을 받은 시점은 언제입니까? 창세기 15장입니다. 창세기 15장 6절은 이렇게 말합니다. "아브람이 여호와를 믿으니 여호와께서 이를 그의 의로 여기시고" 이 말 바로 전에 어떤 내용이 나오는가 하면 하나님께서 아브라함에게 자손을 주시겠다고 약속하십니다. "아브라함아, 하늘의 별을 보라. 땅의 모래를 보라. 네 자손이 이와 같이 많을 것이다." 아브라함은 자식이 하나도 없는 상태였고 나이는 이미 75세가 되었고 사라의 경수는 끊어졌습니다. 이런 상황에서 하나님이 약속하셨는데도 아브라함이 어떻게 반응합니까? 하나님의 말씀을 믿었습니다. 그러자 하나님께서 이를 그의 의로 여겨주셨습니다.

우리가 하나님을 알면 알수록 깨닫게 되는 진리가 있습니다. 우리가 착한 일을 하거나 율법을 잘 지키거나 어떤 의로운 삶을 살아서 그것이 포인트가 되어 하나님께서 우리를 용납하시는 것이 아니라는 사실입니다. 그것을 갈수록 확실히 알게 됩니다. 그 사실을 모르는 사람은 하나님을 모르는 것입니다. 하나님을 알아갈수록 하나님이 얼마나 거룩한 분이신지, 얼마나 선한 분이신지 우리는 깊이 깨닫게 됩니다. 그러면서 우리의 가장 최고의 선조차도, 순종조차도, 하나님 앞에서는 의가 될 수 없다는 것을 뼈저리게 느끼게 됩니다.

살면서 100 퍼센트 흠결이 없는 오직 하나님의 영광을 위해서, 하나님을 사랑하는 마음으로만 행한 것이 있습니까? 나의 삶을 돌아보건대 단 한 가지도 기억나는 것이 없습니다. 제가 행한 일에는 늘 제 욕심과 자기 중심성과 내 욕망을 성취하려는 마음, 즉 죄의 흔적들이 있습니다. 하나님을 알아갈수록 하나님께서 그런 나를 받아주시는 것이 얼마나 큰 은혜인지 알게 됩니다. 어떻게 우리가 하나님께 내가 한 일을 거론하면서 인정해주셔야 한다고 말할 수 있겠습니까? 그러므로 행함이 아니라 믿음으로 의롭다함을 얻는 이것은 가장 자연스럽고 당연한 진리입니다. 하나님 그분이 나를 받아주셔야 합니다. 그분이 나를 용납해 주셔야 합니다. 그래서 하나님과의 바른 관계를 위해 필요한 것은 하나밖에 없습니다. 믿음입니다. 하나님을 신뢰하고 전폭적으로 나를 맡기고 말씀하신 그대로 붙잡는 것, 이것이 하나님이 가장 기뻐하시는 것입니다. "믿음이 없이는 하나님을 기쁘시게 못한다"고 했던 히브리서 기자가 말한 믿음이 그것입니다.

바울과 야고보가 말하는 믿음

바울의 초점

바울은 아브라함의 믿음 가운데 그 초점을 창세기 15장에 초점을 맞추고, 야고보는 창세기 22장에 초점을 맞춥니다. 창세기 15장에서는 아브라함이 하나님을 믿으매 이것을 그에게 의로 여기셨다고 말합니다. 창세기 22장에 가면 하나님께서 아브라함에게 "네 아들, 네 독자, 네가 사랑하는 이삭을 바쳐라. 내가 네게 지시할 땅으로 가서 거기서 이삭을 바쳐라"라고 말씀하십니다. 이 명령에 아브라함이 순종합니다. 한 마디 반문도, 불평도, 대꾸도 하지 않았습니다. 묵묵히 가서 이삭을 바칩니다. 아들을 죽이려는 순간에 하나님께서 "이제 내가 너의 믿음을 알았다. 참으로 네가 하나님 경외함을 내가 알았다"고 하시면서 이삭을 죽이지 못하도록 막으십니다. 아브라함을 다시금 칭찬하시고 그의 믿음을 인정하십니다. 창세기 15장 6절의 말씀이 실제 응한 것은 어디입니까? 아브라함이 하나님을 믿으매, 하나님을 믿었다는 이 믿음이 진짜 믿음이었는지가 22장에 가서 증명되었습니다.

아브라함이 진짜 하나님을 믿었는지 어떻게 압니까? 입

으로만 믿었는지 실제로 믿었는지를 어떻게 확인할 수 있습니까? 아브라함은 하나님께서 하시고자 하시면 바다의 모래처럼, 하늘의 별처럼 많은 자식을 주실 수 있는 분으로 믿었습니다. 그 약속을 지킬 수 있는 신실한 분으로 믿었습니다. 그래서 한 아들을 그의 나이 100세에 간신히 얻었는데, 그 아들을 갑자기 다시 내놓으라고 하셨는데도 그는 순종하였습니다. 아브라함의 믿음이 진짜 믿음인 이유는 그 믿음이 행함으로 증명되었기 때문입니다.

많은 사람들이 바울과 야고보가 서로 모순되고 충돌된다고 생각합니다. 바울은 믿음으로 의롭다함을 받는다고 하는데 야고보는 자꾸 행함을 강조하기 때문입니다. 하지만 이것은 오해입니다. 바울도 "할례나 무할례가 아무 소용이 없으되 오직 사랑으로 역사하는 믿음 뿐이라(갈 5:6)"고 했습니다. 사랑으로 역사하는 믿음은 행함이 있는 믿음을 말합니다. 바울이 말하는 믿음은 공허한 믿음, 껍데기 믿음, 죽은 믿음이 아닙니다. 바울이 말하는 믿음은 사랑으로 드러나는 믿음, 사랑의 실천이 있는 믿음, 행함이 있는 믿음입니다. 그것은 야고보가 말하는 믿음과 전혀 다르지 않습니다.

야고보의 초점

믿음으로만 의롭다함을 받는다는 이신칭의의 복음을 오해한 사람들이 있었을 것입니다. 그래서 그들이 믿음으로 의롭다함을 받는다는 말을 되뇌이면서 사실은 행함이 없는 믿음으로 방자한 삶을 살고 반(反)율법주의적인 삶을 살았습니다. 야고보는 그들을 경고하고 있습니다. "너희들이 말하는 믿음은 진짜 믿음이 아니다. 그것은 죽은 믿음이다. 그것은 영혼 없는 몸이 죽은 것 같이 행함이 없는 믿음은 죽은 믿음이다." 이렇게 경고하면서 참된 믿음은 반드시 행함으로 드러난다고 말한 것입니다. 야고보가 궁극적으로 말하고 싶은 것은 행함이 아니고 믿음입니다.

율법의 행위 ⇨ 율법의 모든 조항을 빠짐없이 지킴

그런데 여기서 우리는 바울이 비판적으로 말한 율법의 행위와 여기서 말하고 있는 믿음의 행위를 구분할 필요가 있습니다. 바울은 분명히 율법의 행위로는 의롭다함을 받을 육체가 없다고 했습니다. 율법의 행위란 우리가 율법의 모든 것을 완전히 지켜야 한다는 생각을 말합니다. 그러한 율법의 행위로 구원을 얻을 자가 있습니까? 우리는 율법을 지키는 것보다 못 지킬 때가 더 많습니다. 그래서 당연히 율법의 행위로는 구원을 얻을 수 없습니다. 그런데 믿음의 행위라는 것은 율법의 행위를 말하는 것이 아닙니다. 율법을 다 지키는 것을 믿음의 행위라고 말하지 않습니다. 믿음의 행위는 내게 믿음이 있어서 그 결과 믿음이 내 삶에 변화된 모습으로 드러나는 것을 말합니다. 이 믿음은 씨앗이 심겨져 성장하고 자라는 것과 같은 것입니다. 예수 믿은지 얼마 안 된 사람은 믿음이 작습니다. 이런 사람에게는 많은 것을 요구할 수 없습니다. 창세기 15장에서 아브라함이 믿었지만 그 단계에서 이삭을 바치라는 정도의 요구를 하셨다면 아브라함은 행할 수 없었을 것입니다. 그러나 이 믿음이 진짜라면, 살아 있는 믿음이라면, 그 믿음은 성장하게 되고, 결국 반드시 그 열매를 맺게 될 것입니다. 인격과 삶에 변화가 나타나고 실천하는 삶이 뒤따르게 될 것입니다. 이것이 믿음의 행위입니다.

믿음의 행위 ⇨ 행함이 있는 믿음

그래서 우리 자신을 돌아보는 것이 중요합니다. 나의 믿음 때문에 달라진 것은 무엇인가? 믿음에 합당한 어떤 삶이 나오고 있는가? 입술의 고백에 불과한 믿음은 아닌가? 하나님을 사랑한다고 하지만 내 마음과 뜻과 성품을 다해서 사랑하고 있는가? 즉 나에게는 믿음의 행위가 있는지를 물어보아야 합니다. 진정한 믿음은 반드시 열매를 맺고 변화를 가져옵니다. 믿음은 하나님을 아는 것입니다. 하나님을 정말 안다면 하나님을 모르고 믿지 않는 사람처럼 살지는 않을 것입니다. 예수님을 본받으라는 말을 성경에서 많이 듣습니다. 그런데 예수님의 어떤 모습을 본받기 원하십니까? 예수님이 선을 행하시는 모습, 예수님이 기적을 행하시는 모습, 예수님이 기적을 행하신 것처럼 기적을 행하실 수 있습니까? 우리가 본받아야 할 예수님의 믿음은 예수님이 하나님 아버지를 온전히 신뢰한 그 믿음입니다. 예수님에게 하나님은 살아계시고 함께하시고 인도하시고 공급하시는 하나님이십니다. 예수님의 그 믿음을 우리가 본받아야 합니다. 물론 우리는 예수님의 믿음의 수준에까지는 이를 수 없습니다. 그러나 예수님의 믿음을 본받고, 그 길로 좇아야 합니다. 이것이 구원에 이르는 믿음입니다.

회심한 사람

자각
내가 회개와 믿음을 겸비한 참된 회심을 했는지 확인해

볼 수 있는 몇 가지 길이 있습니다. 가장 중요한 것은 죄에 대한 자각입니다. '나는 완벽하지 않아. 나도 잘못한 것이 많지.'라는 정도가 아니고, 하나님 앞에서 '나는 정말 죄인입니다. 내가 죄인입니다.'라는 고백이 있어야 합니다. 내 죄를 깊게 생각하면 이런 결론에 도달하지 않을 수 없습니다. 내가 누구를 비난하겠습니까? 내가 누구를 정죄하겠습니까? 내가 누구를 비판하겠습니까? 사실 나는 어느 누구를 향해서도 손가락질할 수 있는 사람이 아닙니다. 이것을 깨닫는 것이 회심의 증거입니다. 이것을 깨달은 사람은 마음이 깨어진(broken) 사람입니다. 우리가 때로 육신에 속하기 때문에 자기 잘났다고 교만에 빠지기도 하고 완고하게 자기주장을 하기도 합니다. 하지만 내 모습 돌아볼 때 순간순간에 행한 일들이 죄와 허물뿐입니다.

믿음 사이드

회심의 둘째 척도는 내 소망은 오직 주님인지를 살펴보면 됩니다. 주님을 마음속에서 꼭 붙잡고 계십니까? 여러분이 지금껏 살아오면서 여러분이 행한 모든 일이 결코 하나님께 용납될 수 있는 의가 아니라는 것, 그것으로 하나님께 나아갈 수 없다는 사실을 인정합니까? 여러분의 의가 누더

기와 같다는 사실을 인정합니까? 여러분의 유일한 소망은 오직 하나님의 긍휼과 자비뿐임을 인정합니까?

순종의 의지

셋째, 하나님을 알고 그분께 순종하고 싶은지 살펴보십시오. '주님, 저에게 믿음을 주십시오. 제가 주님의 뜻대로 살겠습니다.'라는 기도가 가장 간절한 우리의 기도입니까? 행함이 없는 믿음은 죽은 믿음입니다. 그 안에 그리스도의 생명이 없기 때문입니다.

사랑하는 여러분, 주님을 믿으시기 바랍니다. 정말 주님만이 나의 구원이심을 고백하시고, 주님을 믿음으로 꼭 붙잡으십시오. 아직까지 주님을 나의 구세주요 주님으로 한 번도 영접하지 않은 사람이라면 영접하십시오. 주님을 모셔 들이십시오. 여러분의 죄를 고백하시고 회개하시고 주님을 믿는다고 고백하십시오. 그리고 마음으로 믿으십시오. 그렇게 하실 때 우리 안에 하나님께서 회심의 역사를 일으키실 것입니다. 이 말씀을 듣고 나서 나는 회심한 것이 분명하다는 확신이 생겼다면 감사하십시오. 회심의 열매가 더욱 풍성히 나타나게 해 달라고 기도하고 믿음의 삶을 사시기 바랍니다.

12장 | 복음

"내가 복음을 부끄러워하지 아니하노니 이 복음은 모든 믿는 자에게 구원을 주시는 하나님의 능력이 됨이라 첫째는 유대인에게요 또한 헬라인에게로다"(롬 1:16).

그동안 우리는 복음주의 신앙에 대해서 함께 묵상해 왔습니다. 이 시점에서 우리가 우리 자신에게 물어야 할 질문은 이것입니다. 내 신앙은 복음주의적인가? 내 신앙은 복음주의 신앙인가? 중요한 것은 이름이 아니라 그 내용입니다. 복음주의 신앙이라는 표현은 다분히 신학적인 표현입니다. 그래서 복음주의라는 말을 모를 수 있고 복음주의 신앙으로 자신의 신앙을 부르지 않을 수도 있습니다. 더 중요한 것은 내용입니다. 내가 가진 신앙의 내용은 무엇인가? 그것은 복음주의 신앙인가? 왜 복음주의 신앙을 강조합니까? 그것은 복음주의 신앙이 가장 올바른 성경적인 신앙이기 때문입니다. 아전인수가 아니냐고요? 이런 반론이 있을 수 있습니다. 이 마지막 장에서는 과연 복음주의 신앙이 가장 올바른 신앙이라고 말할 수 있을지를 살펴보려고 합니다. 그 점을 우리의 복음 체험, 신앙 체험을 통해서 한 번 살펴보려고 합니다.

그전에 다시 한번 복음주의 신앙에 대해서 간단히 요약하겠습니다. 복음주의 신앙이란 어떤 것입니까? 첫째로 성경 중심적 신앙입니다. 성경을 우리 신앙생활의 중심에 놓는 것입니다. 성경이 우리의 가장 으뜸 되는 권위이고 기준이라는 것입니다. 그래서 우리가 예수님을 믿을 때 다른 어떤 교회의 전통이나 어떤 신비 체험이나 이성적 판단 같은 것들을 기준으로 내세우지 않습니다. 이런 것들이 필요 없다는 뜻은 아닙니다. 교회 전통도 필요하고 이성적 판단도 중요하고 신앙의 체험도 중요합니다. 그런데 이 모든 것이 성경 위에 기초해야 합니다. 이런 것들을 성경의 빛에 비추어서 검토해 볼 수 있어야 합니다. 그래서 "나는 성경적으로 믿는가?"라는 질문을 던져야 합니다. "내 신앙에 있어서 성경이 가장 중요한 권위이고, 최종적인 기준이다"라고 고백할 수 있다면 복음주의 신앙이라고 할 수 있습니다.

둘째, 복음주의 신앙은 십자가 중심의 신앙입니다. 나는 십자가가 유일한 구원의 길이라고 믿는가 하는 것입니다.

겉으로는 그렇다고 고백하면서도 마음속 깊이는 '내가 착하게 살아야지. 내가 착하게 살면 구원받지 않겠나.'라고 생각할 수 있습니다. "신앙생활 그동안 많이 해 왔는데 교리는 중요하지 않더라. 이제는 영성이 중요하다."라고 말하는 이들도 있습니다. 그러면서 기독교 영성만이 아니라 뉴에이지 영성이나 명상, 참선 등 동양적 영성까지 두루 다 수용해서 추구하는 이들을 보았습니다. 그래서 무언가를 깨닫고 경험하는 것, 그것을 구원이라고 생각하는 것입니다. 우리는 선행도 중요하고 착하게 사는 것도 중요하고 경건의 훈련을 통해서 끊임없이 개선해 가려는 노력도 중요합니다. 하지만 그것은 구원의 길이 아닙니다. 그것이 절대 우리를 구원할 수 없습니다. 오직 십자가만이 구원의 길입니다. 십자가에서 예수님이 내 죄를 실제로 담당하시고 해결하셨다는 것을 믿는 것이 복음주의 신앙입니다.

셋째, 중생을 강조합니다. 복음주의 신앙은 성령께서 참으로 우리 각 사람을 거듭나게 하셔야 구원을 받을 수 있다고 믿는 신앙입니다. 신앙생활을 하다 보면 중생하지 않았으면서도 교회에만 익숙해지는 경우가 있습니다. 정말 거듭났는지, 예수님을 인격적으로 만났는지, 예수님을 영접했는지를 충분히 살피지 않고 세례를 받는 경우도 있습니다. 또 시간이 지나면 서리집사에서 시작해서 직분을 받습니다. 그래서 점점 신앙이 아니라 교회에 익숙해집니다. 심지어 교회의 리더, 즉 장로까지 되기도 합니다. 외적으로 보면 별로 흠이 없습니다. 하지만 거듭나지 않은 채로 교회 생활에 적응하는 경우는 복음주의 신앙이 아닙니다.

복음

성경과 십자가와 중생을 강조하는 복음주의 신앙이 하나님이 가장 기뻐하시는 바른 신앙이라는 것을 우리는 어떻게 이해하고 설명할 수 있을까요? 성경, 십자가, 중생, 이 세 가지 복음주의 신앙의 핵심 요소를 하나로 묶을 수 있습니다. 그 하나란 바로 복음입니다. 복음주의 신앙은 다른 무엇보다도 복음적이어야 합니다. 복음을 가장 강조하고, 복음중심인 신앙이 복음주의 신앙입니다. 이 복음을 잘 이해하면 이 복음 안에 성경과 십자가와 중생이라는 이 세 요소가 녹아들어 있음을 알게 될 것입니다.

복음은 들어야 할 소식(news)!

오늘 본문은 이렇게 말합니다.

"내가 복음을 부끄러워하지 아니하노니 이 복음은 모든 믿는 자에게 구원을 주시는 하나님의 능력이 됨이라 첫째는 유대인에게요 또한 헬라인에게로다"(롬 1:16).

우리가 어떻게 그리스도인이 되었습니까? 복음을 듣고 믿음으로써 되었습니다. 그래서 우리가 가장 먼저 생각할 것은 복음을 듣는 일에 관한 것입니다. 여러분 중에 복음을 듣지 않고도 그리스도인이 된 사람이 있습니까? "나는 복음을 들은 적이 없습니다. 어느 날 깊이 생각하다 깨달았습니다. 그래서 복음은 내가 깨달은 것입니다. 내가 정말 깊이 궁구하고 나의 연구와 추론을 통해서 내가 내린 결론입니다." 이렇게 말씀하실 수 있는 분 있습니까? 아닙니다. 복음은 먼저 들어야 하는 무엇입니다. 복음은 누군가 전해주어야 하는 것입니다. 비록 사람이 직접 전해주지 않고 성경을 통해 깨달았다고 해도 마찬가지입니다. 복음은 하나님께서 우리에게 들려주신 말씀입니다. 복음은 무엇보다 "소식"(News)입니다. 복음이라는 헬라어는 '유앙겔리온'입니다. 그런데 이것은 '유'라는 접두사와 '앙겔리온'이라는 단어가 합쳐진 것입니다. '유'는 '좋다'라는 뜻입니다. 그리고 '앙겔리온'은 '소식'이라는 뜻입니다. 복음은 '좋은 소식'(good message 또는 good news)입니다. 뉴스를 어떻게 압니까? 들어서 압니다. 누군가가 전해줄 때 알 수 있습니다. 복음은 인간의 이론이나 사상이 아닙니다. 누가 지어낸 이 야기도 아니고, 누가 궁구해서 틀을 세운 논리도 아닙니다. 복음은 하나님이 선포하신 말씀이고, 하나님께서 당신의 증인들을 택해서 "가서 전하라"고 명령하신 메시지입니다.

그 최초의 증인들이 사도였습니다. 구약에서는 선지자들이 있었습니다. 그들이 주님으로부터 그리고 하나님으로부터 이 메시지를 받아 듣고 다른 사람에게 전했습니다. 그 복음을 들은 사람들이 구원을 체험하고 그리스도인이 되고, 그 다음에는 그들이 또 다른 사람에게 복음을 전했습니다. 그렇게 전달되고 또 전달되어 오늘 우리에게까지 온 것입니다. 복음은 소식입니다. 복음은 말씀입니다. 복음은 하나님의 말씀입니다. 그래서 복음은 계시입니다. 복음은 하나님께서 우리에게 보여주신 것이고, 들려주신 것이고, 알려주신 것입니다. 우리는 복음을 듣고 예수님을 믿게 되었습니다. 이 복음이 어디에 있습니까? 성경에 있습니다. 성경을 떠나서 우리가 어디서 복음을 찾을 수 있습니까? 어떤 사람들은 성경을 직접 가르치려고 하지 않고 어떤 교리와 해석, 소요리문답 같은 것으로 간접적으로 가르치려고 합니다. 저는 이런 부분이 교육적으로 필요하다고 생각합니다.

그러나 언제나 성경으로 직접 가야 합니다. 성경을 직접 읽어야 하고, 성경을 직접 들어야 하고, 말씀을 직접 접해야 합니다. 그럴 때 우리는 살아 있는 복음을 듣게 되고, 그 복음의 능력을 체험하게 됩니다. 그래서 복음주의 신앙이 계시 중심의 신앙이고, 성령 중심의 신앙이라고 하는 것은 우리가 체험한 복음이 보여주는 사실이고 진리입니다.

복음의 내용

둘째, 복음의 내용은 무엇입니까? 복음을 매우 간단히 말하면, 예수 믿으면 구원 얻을 수 있다는 소식입니다. 인간의 힘으로는 구원을 얻을 수 없지만, 우리가 착하게 살려고 노력하는 것으로 구원 얻는 것은 아니지만, 우리는 죄인임에도 불구하고 하나님께서 예수님을 통하여 구원을 완전히 이루어 놓으셨기 때문에 이것을 믿음으로 받아들이면 구원 얻는다는 소식이 바로 복음입니다. 복음의 내용은 그리스도입니다. 그리스도께서 하신 가장 중심적인 일은 십자가입니다. 그래서 복음을 믿는다는 말은 그리스도의 십자가를 믿는다는 말과 같습니다. 바울은 복음을 십자가의 "도"라고 표현합니다. 고린도전서 1장에 보면 복음의 다른 표현이 십자가의 도, 십자가의 메시지입니다. 그러므로 십자가를 말하지 않고 복음을 말할 수는 없습니다. 또는 반대로 복음을 말한다면 그것은 십자가를 말하는 것입니다.

복음은 "Do" 명령이 아닙니다. 하라는 명령만 하면 그것은 율법이 되고 종교가 됩니다. 복음은 '믿으라'고 요구합니다. 왜 믿으라고 합니까? 하나님께서 이미 무엇인가를 하셨기 때문입니다. 이것이 기쁜 소식입니다. 하나님께서 우리에게 무엇을 하라고 요구하시기 전에 하나님께서 우리를 위하여 무엇인가를 하셨습니다. 그것은 역사 속에서 객관적으로 이루어진 사실입니다. 그것이 십자가입니다. 하나님이 하신 일은 독생하신 아들을 주신 것입니다. 아들을 세상에 보내신 것입니다. 그 아들이 하신 일은 세상에 와서 우리를 위해 십자가를 지신 것입니다. 이것이 복음입니다.

그래서 우리는 그것을 들었습니다. 듣는 것으로 충분하지 않습니다. 듣고 믿어야 합니다. 그러면 어떻게 됩니까? "복음은 모든 믿는 자에게 구원을 주시는 하나님의 능력이다." 믿을 때 그것이 능력이 됩니다. 그런데 복음을 믿는 사람이 있고 안 믿는 사람이 있습니다. 왜 나는 복음을 믿게 되었을까? 어떻게 믿을 수 있었습니까? 여러분이 마음 중심에 다른 사람보다 훨씬 더 구도적인 마음이 있어서일까요? 내가 인생의 근본적인 질문을 가지고 씨름했던 사람이기 때문입니까? 본질을 추구했기 때문입니까? 절대 그렇지 않습니다.

내가 대학교 다닐 때, 저희 캠퍼스의 한인 유학생 중에 굉장히 착한 사람이 있었습니다. 너무 착하다 못해 약간 바보스러울 정도였습니다. 그런데 이 분이 미국 생활에 적응을 못했습니다. 특별히 대학 생활을 너무 힘들어 했습니다. 그래서 주변 사람들이 숙제도 좀 보여주고 많이 도와주었습니다. 그때 나는 이런 생각을 했습니다. '이 사람은 틀림없이 예수를 믿는다. 내가 복음만 전하면 이렇게 착한 사람이 거절할 리가 없지.' 그래서 복음 이야기를 꺼냈습니다. 그랬더니 이 분이 "종교 이야기라면 나도 관심이 많습니다."라고 하면서 같이 대화를 하는데, 한 시간 내내 도리어 제가 전도를 당했습니다. 내가 말할 시간을 주지 않았습니다. 본인 생각이 확고한 사람이었습니다. 착하다고 복음을 잘 믿는 것이 아닙니다. 내 자신을 돌이켜 보면 내가 믿었다는 사실이 신기합니다. 기독교 가정에서 태어났으니 훨씬 더 그런 기회가 많았을 것입니다. 그렇지만 나는 믿음조차 하나님의 선물이었다고 고백할 수밖에 없습니다. 하나님이 나에게 이 믿음을 주셨다고 말입니다. 하나님이 내 마음을 바꾸어 주시지 않았다면, 그리고 성령께서 내 마음에 역사해 주시지 않았다면, 나는 가장 악랄한 반기독교인이 되었을 것입니다. 내가 나의 성격을 잘 압니다.

상식적으로 생각해 보십시오. 진화론이 그럴듯합니까, 창조론이 그럴듯합니까? 죽었다가 살아났다는 이야기를 믿을 수 있습니까? 동정녀가 아이를 낳았다는 말을 믿을 수 있습니까? 나는 그런 이야기가 나오면 꼭 반박했을 것입니다. 그런데 지금 나는 그 모든 것을 다 믿습니다. 예수님의 동정녀 탄생도 믿고 부활도 믿습니다. 예수님이 다시 오실 것도 분명히 믿습니다. 바울이 말한 것처럼 "부활이 없다면 모든 자 중에 우리가 가장 불쌍한 자"입니다. 나도 그렇게 생각합니다. 그런데 어떻게 내가 믿게 되었습니까? 나같이 강퍅하고 교만하고 잘난 척하는 사람이 어떻게 믿게 되었을까요? 전적인 하나님의 은혜입니다. 성령께서 하신 일입니다. 우리가 복음을 들을 때 성령께서 역사하십니다. 성령이 우리 마음을 움직여 주십니다. 우리에게 믿음을 주십니다. 그래서 우리가 믿게 되는 것입니다. 믿은 다음에는 어떻게 됩니까? 계속해서 이 구원이 우리 속에서 일어납니다. 진행됩니다. 변화가 일어납니다.

복음이란 무엇인가?

변화시키는 능력

복음은 무엇인가? 복음은 어떤 교리가 아닙니다. 교리를 포함하지만 교리에 그치는 것이 아닙니다. 복음은 어떤 이론이 아닙니다. 복음은 그럴듯한 이야기가 아닙니다. 복음은 능력입니다. 왜 복음주의 신앙이 가장 올바른 신앙이라고 말하는 것일까? 그것은 복음에는 능력이 있기 때문입니다. 복음을 전했을 때 듣고 믿은 사람들이 반드시 변화됩니다. 복음의 능력이 나타납니다. 실제로 구원이 이루어집니다. 복음은 실제로 사람을 변화시킨다는 것을 강조하는 것이 복음주의입니다. 복음은 모든 믿는 자에게 구원을 주시는 하나님의 능력이 됩니다. 여러분은 복음의 능력을 체험하셨습니까? 지금도 체험하고 계십니까? 복음을 믿었기 때문에 내 속에 이런 변화가 있었다고 말할 수 있습니까? 율법의 행위는 구원의 길이 될 수 없습니다. 율법의 행위는 율법을 다 지켜야 한다고 말하는데, 그것은 복음이 아닙니다.

물론 믿음은 반드시 행위로 드러나게 되어 있습니다. 살아 있는 믿음은 반드시 변화를 가져옵니다. 그래서 우리는 율법의 행위를 말하는 것이 아니고 믿음의 행위를 말하는 것입니다. 믿음의 행위가 뒤따르지 않으면 죽은 믿음이라고 야고보는 말하고 있습니다.

가치관의 변화

예수 믿고 가치관이 바뀌셨습니까? 세상은 우리에게 무엇을 말합니까? 육신의 정욕, 안목의 정욕, 이생의 자랑을 말합니다. 육신의 정욕이란 더 맛있는 것 먹고, 더 육체의 쾌락을 즐기고, 더 안락함을 추구하고, 자꾸 당신의 감각적인 욕구를 만족시키라고 부추기는 것이 육체의 정욕입니다. 그리스도인이 육체의 본능을 부인하지는 않지만, 육체의 정욕을 만족시키는 길이 참된 삶의 길이라고 생각하지 않습니다. 안목의 정욕은 무엇입니까? 더 화려한 것, 재물과 부 같은 것들이 안목의 정욕입니다. 그리스도인은 더 이상 그런 것들을 탐내지 않습니다. 화려한 것이 더는 우리에게 소중하지 않고, 우리는 거룩함을 사모하게 됩니다. 이생의 자랑은 사람들의 칭찬과 인정과 칭송을 말합니다. 물론 우리 안에 그런 것들에 대한 유혹이 있습니다. 주님은

"너희가 서로 영광을 취하고 유일하신 하나님께로부터 오는 영광은 구하지 아니하니 어찌 나를 믿을 수 있느냐."(요 5:44)라고 바리새인들을 책망하셨습니다. 그래서 우리도 주님의 그 말씀을 기억하고 하나님의 영광을 구하며 살아야 한다고 마음을 다잡습니다. 사람들의 인정과 칭찬과 명예 같은 것을 추구하는 것은 더 이상 우리의 가치관이 아닙니다. 하나님께 칭찬받고 하나님을 기쁘시게 하는 삶을 추구하는 가치관으로 변화되지 않았다면, 그것은 거듭난 것이 아닙니다.

소원의 변화

거듭나면 소원이 바뀝니다. 가치관이 바뀐다는 말은 소원, 즉 마음의 욕망이 바뀐다는 말과 같습니다. 그리스도인은 이제 어떤 소원을 품고 살게 됩니까? '주님 뜻대로 살고 싶다. 내가 순종하고 싶다. 내가 거룩한 사람이 되고 싶다. 주님을 더 알고 싶다.'는 소원이 생깁니다. 이것을 생명 현상이라고 설명할 수 있습니다. 우리 안에 영적인 생명이 있다면 그 영적인 생명 현상이 나타나게 되어 있습니다. 그것이 무엇입니까? 자꾸 말씀을 사모하게 됩니다. 또 기도하게 됩니다. 말씀은 영의 양식이라 한다면, 기도는 영혼의 호흡이기 때문입니다. 중생한 사람, 복음의 능력을 체험한 사람은 기도를 안 할 수가 없습니다. 기도를 안 하면 마음이 답답해지고, 말씀을 안 읽으면 너무 갈급해집니다. 이것이 생명현상입니다.

바울을 기억하십니까? 나는 복음의 능력을 생각할 때, 그 복음의 능력이 가장 강력하게 나타난 예 중의 하나가 바울이라고 생각합니다. 그토록 기독교를 핍박하던 사람, 그토록 예수님을 증오하고 예수 믿는 사람들을 반대하던 사람, 그 사람이 주님께 사로잡혔습니다. 그 사람이 복음을 접한 후 복음의 사자가 되었습니다. 어느 정도 복음에 미쳤습니까? 어느 정도 복음에 사로잡혔습니까? "내가 달려갈 길과 주 예수께 받은 사명 곧 하나님의 은혜의 복음을 증언하는 일을 마치려 함에는 나의 생명조차 조금도 귀한 것으로 여기지 아니하노라"(행 20:24) 복음을 위해서는 목숨까지 버리겠다고 고백한 사람이 바울입니다.

바울이 말합니다. "내가 복음을 부끄러워하지 아니하노니" 여러분, 복음이 부끄럽지 않은지요? 누군가에게 복음 이야기를 꺼내려고 하면 자꾸 주저되고 망설여지지 않습니까? 거듭나지 않으면 복음은 말도 안 되는 주장입니다. 누구든 그 말을 믿는다는 것은 바보가 된다는 뜻이었습니다. 그것을 믿는 일은 부끄러운 일이었습니다. 당연히 바울도 복음이 부끄럽지 않았겠습니까? 그런데 복음의 능력을 체험하는 사람들은 더 이상 복음을 부끄러워하지 않게 됩니다. 이것은 진짜이고 진리라는 것을 알기 때문입니다. 막역하게 좋다고 느끼는 것이 아니라 내가 직접 경험하여 아는 것이 복음입니다. 복음이 나를 변화시킨 경험이 있는 사람에게 복음은 부끄러운 것이 아닙니다. 복음으로 살아난 사람에게 복음은 자랑스러워 할 대상입니다. 복음을 강력히 체험할수록 더욱 담대해지고, 전하지 않고는 견딜 수 없게 하는 것입니다.

한 성도의 간증

내가 여러분에게 짧은 간증문을 읽어 드리겠습니다. 인터넷에서 이 간증문을 발견했는데 평범한데 나에게는 너무나 감동적이었습니다. 이것이 복음의 능력입니다. 오래 전에 찾은 것입니다. 지금도 그런지 모르겠는데 이○○이라는 분이고 모일간지 기자 출신입니다.

"저는 서울의 △△ 교회를 다닙니다. 그러나 주중에는 날

마다 회사 근처에 있는 OO교회를 찾습니다. 회사로 출근하기 전 OO교회에 들러 혼자 기도를 합니다. 그렇게 하루를 시작합니다. 그렇게 한지 몇 년 되었습니다. 저는 거의 매일 아침 OO교회에서 눈물을 흘리고 갑니다. 기도를 하다 보면 어느새 주룩 눈물이 흘러내립니다. 수요일에 있는 직장인 예배 때도 마찬가지입니다. 언제나 눈물을 감추는 것이 큰 고역 아닌 고역입니다. 제가 OO교회를 매일 찾는 이유가 있습니다. 5년 전입니다. 한 때 저는 아이들 교육 때문에 기러기아빠 신세였습니다. 6개월 정도의 기간이었습니다. 그런데 아내와 아이들이 미국에 잠시 있으면서 교회를 다녔습니다. 그리고는 돌아와서 저보고 교회에 다니자고 했습니다. 저는 무슨 소리냐고 큰 소리를 쳤습니다. 그 때까지 저는 불교 신자였습니다. 신년이나 초파일이면 절을 찾았습니다. 하루는 아이들의 성화에 못 이겨 △△교회에 따라갔습니다. 모든 것이 어색하고 쑥스러웠습니다. 찬송가를 부를 때는 어찌할 바를 몰랐습니다. 그러나 그 짧은 시간 속에서 이상한 것을 느꼈습니다. 기독교의 교리는 전혀 모르던 저였습니다. 성경은 상식의 수준조차 몰랐습니다. 무관심했던 것이 아니라 의도적으로 배척하던 저였습니다. 그러나 저는 찬송가를 부르는 순간 하나님이 저를 부르셨다는 느낌을 받았습니다. 그 때부터 흐른 눈물이 교회에만 들어가면 흐르고 있습니다.

저는 다음 날 저희 부모님을 찾아뵙고 아버님께 말씀드렸습니다. 두 분 다 불교 신자였습니다. '아버지, 외아들인 제가 교회 나가고, 외손자인 제 아들이 교회에 나갑니다. 아버지, 어머니도 교회에 다니시지요. 그저 자식과 손자 위해 다닌다 생각하세요.' 아버지의 반응은 의외였습니다. 이렇게 대답하셨습니다. '너, 사실은 유아세례를 받았단다. 그래 우리도 다니마.' 저는 깜짝 놀랐습니다. 사십 살이 넘도록 저는 제가 유아세례를 받았다는 사실조차 몰랐습니다. '어디서 세례를 받았지요?' 제가 물었습니다. 그러자 아버지는 'OO교회에서' 라고 대답하셨습니다. 저로 하여금 너무나 많은 것을 생각하게 하는 대답이었습니다. 그 때 저는 이렇게 생각했습니다. '오늘의 내가 있게 된 것이 바로 그 힘이요, 보살핌 이었구나. 그토록 많은 죄를 짓고 사는 내가 오늘을 이룰 수 있었던 것이 바로 그 때문이었구나.' 그 때 받은 은혜는 이루 말할 수 없는 것이었습니다.
며칠 뒤부터 저는 점심시간에 OO교회를 찾았습니다. 본당이 어딘지도 모르고 물어보기도 어색해 교회 마당 벤치에 앉아 조용히 기도를 하고 돌아갔습니다. 그렇게 일 년을 보내다 본당이 어딘지를 알게 되었고 점심 식사후 본당에 들어가 기도를 했습니다. 그러다가 어느 날부터인가 저는 하루를 OO교회 본당에서 시작하게 되었습니다. 저는 하나님의 자식으로 태어났지만 하나님 곁을 떠났습니다. 저는 떠났지만 아버지 하나님은 저를 보내지 않았습니다. 그리고 보살펴 주셨고 키워 주셨습니다. 그리고 너무도 많은 것을 주셨습니다. 그러나 저는 몰랐습니다. 제가 잘난 줄로만 알았습니다. 제가 오늘의 저를 만든 줄 알았습니다. 죄만 짓고 살았습니다. 이제 아버지께서 저로 하여금 더 이상 죄를 짓지 말게 하시려고 비밀을 보이셨습니다. 그리고 저를 부르셨습니다. 감사합니다. 그저 감사합니다. 거의 매일 이렇게 기도했습니다. 눈물이 마르지 않았던 이유입니다. 이후 저에게는 몇 번의 시험이 다가왔습니다. 교회를 다니면 안 되던 일도 잘 되어야 하는데 그리 잘되는 일이 없었습니다. 그러나 지난 사십년 간 저를 보살펴 주신 하나님을 생각하면 아무 것도 아니라는 생각을 하게 되었습니다. 이렇게 살다 하나님 곁으로 가도 괜찮다는 생각을 하게 되었습니다. 제가 겪고 있는 고통도 감사하게 여겨질 정도였습니다."

이 뒤에 이야기가 더 나옵니다. 이 분 이야기의 초점은 자기가 △△교회에 다니지만 자기가 어려서 세례를 받았던 ○○교회에서 매일 기도 생활한다는 기쁨의 간증입니다. 여러분, 평범하지 않습니까? 아이들 따라 교회에 끌려갔습니다. 찬송을 부르는데 그 찬송가의 내용이 복음입니다. 그 찬송가가 이 사람의 마음을 어루만졌습니다. 갑자기 하나님이 자기를 부르셨다는 것을 깨닫게 됩니다. 이것이 복음의 능력입니다. 무슨 엄청난 웅변을 들은 것이 아닙니다. 무슨 엄청난 체험을 한 것이 아닙니다. 하나님의 복음은 능력이 있습니다.

여러분, 복음을 믿습니까? 여러분의 신앙은 성경적입니까? 십자가를 붙들고 있습니까? 중생의 체험이 있습니까? 여러분, 예수님 헛되이 믿지 말기를 바랍니다. 살아 있는 신앙을 갖기를 원합니다. 복음적인 신앙, 그래서 복음주의 신앙을 함께 추구하는 여러분과 내가 되기를 바랍니다.

나가는 말

이제 '복음주의 신앙'을 마무리하며 결론을 내리려고 합니다. '복음주의 신앙'을 한 마디로 요약하면 살아있는 신앙,

생명을 주는 신앙이라고 말하겠습니다. 그렇습니다. '복음주의 신앙'은 생명을 주는 신앙입니다. 우리 모두 참된 생명을 주는 '복음주의 신앙'으로 무장한 채 이 험난한 세상을 이겨내는 살아있는 성도들이 되길 바랍니다.

복음주의 신앙

초판 발행   2024년 2월 25일

지은이   김현회
판 권   ⓒ겨자씨서원
발행인   위남량
원 장   김선웅
책임편집   박대영
디자인   이중찬, 고은혜

펴낸곳   겨자씨서원
출판등록   제838-99-00603호
주 소   경기도 구리시 장자대로 37번길 70, 104동 204호
전 화   010-7657-7176
이메일   mspkoreal@gmail.com

값   18,000원
ISBN   979-11-964148-6-3

Printed in Korea